W9-CDE-990

Autograph manuscript of the Prelude to *Eugene Onegin,*
including the composer's vocal-score reduction at the bottom of the score page

Eugene Onegin

in Full Score

Peter Ilyitch
Tchaikovsky

DOVER PUBLICATIONS, INC.
Mineola, New York

Copyright

Published in Canada by General Publishing Company, Ltd., 30 Lesmill Road, Don Mills, Toronto, Ontario.
Published in the United Kingdom by Constable and Company, Ltd., 3 The Lanchesters, 162–164 Fulham Palace Road, London W6 9ER.

Bibliographical Note

This Dover edition, first published in 1997, is an unabridged republication of an early authoritative edition. Character names and the contents were translated from an authoritative Russian edition by Stanley Appelbaum. The frontispiece, and lists of credits, contents and instrumentation are newly added.

International Standard Book Number: 0-486-29964-3

Manufactured in the United States of America
Dover Publications, Inc., 31 East 2nd Street, Mineola, N.Y. 11501

Eugene Onegin

Lyric Scenes
in Three Acts, Seven Tableaux

Op. 24 / 1877–8

Text by the composer, with Konstantin Shilovsky,
adapted from Aleksandr Pushkin's verse novel, *Yevgeniĭ Onegin* (1823–30)

Music by
Peter Ilyitch Tchaikovsky

First performance: Moscow: 29 March 1879

CHARACTERS

Tatyana (Tat′îana), *an attractive young girl of the provincial petty nobility; later, Princess Gremin* . . . . Soprano

Olga (Ol′ga), *her younger sister* . . . . Contralto

Mme. Larina, *their mother, proprietress of a country estate* . . . . Mezzo-soprano

Filipievna (Filipp′evna) *an old servant, the girls' nurse* . . . . Mezzo-soprano

Vladimir Lensky (Lenskiĭ), *a young poet, Olga's suitor*. . . . . Tenor

Eugene (Yevgeniĭ) Onegin, *Lensky's friend, a recent landowner* . . . . Baritone

Prince Gremin, *Onegin's older cousin; later, Tatyana's husband* . . . . Bass (principal)

Monsieur Triquet, *an elderly French tutor* . . . . Tenor (secondary)

Zaretsky (Zaretŝkiĭ), *Lensky's second at the duel* . . . . Bass (secondary)

A Captain (Rotniĭ) . . . . Bass (secondary)

Guillot (Gil′o), *Onegin's valet* . . . . silent role

Peasants, ballroom guests, servants,
men and women of the landed gentry, officers

Setting: In the country and in St. Petersburg in the 1820s

CONTENTS

*The ecossaise was a later addition, composed for the Bolshoi Theatre's production in 1885.

INSTRUMENTATION

Piccolo [Piccolo, Picc.]
2 Flutes [Flauti, Fl.]
2 Oboes [Oboi, Ob.]
2 Clarinets in A, B♭ ("B") [Clarinetti, Cl.]
2 Bassoons [Fagotti, Fag.]

4 Horns in F [Corni, Cor.]
2 Trumpets in F [Trombe, Tr-be]
3 Trombones [Tromboni, Tr-ni]

Timpani [Timpani, Timp.]

Harp [Arpa]

Violins I, II [Violini, V-ni]
Violas [Viole, V-le]
Cellos [Violoncelli, Vc.]
Basses [Contrabassi, Cb.]

Eugene Onegin

in Full Score

ДЕЙСТВИЕ ПЕРВОЕ

КАРТИНА ПЕРВАЯ

Вступление

Ob.
Cl.
Fag.
Cor.
I
p
mf
pp
cresc.
Fl.
a 2
II
f
20

Attacca subito il 1

1. Дуэт и квартет

Сад при усадьбе Лариных. Налево дом с террасой, направо развесистое дерево у куртины цветов. В глубине сцены ветхая деревянная решётка, за которой из-за массы зелени виднеется церковь и село. Вечереет.

Fl. I
Fl. II
Cl.
Татьяна
Слы - ха - ли ль
V-ni I
V-ni II
V-le
Vc.
T.
вы за ро - щей глас ноч - ной пев - ца люб - ви, пев - ца сво - ей пе -
Ольга
Слы - ха - ли ль вы за ро - щей глас ноч - ной пев - ца люб - ви, пев - ца пе -
T.
- ча - ли? Ког - да по - ля в час ут - рен - ний мол - ча - ли, сви - ре - ли
O.
- ча - ли? По - ля в час ут - рен - ний мол - ча - ли, сви - ре - ли

Cl.
I
T.
звук у.ны. .лый и про. стой слы.ха.ли ль вы? слы.ха.ли ль
O.
звук у.ны.лый и про. .стой слы.ха.ли ль вы? слы.ха.ли ль вы?
arco
вы? слы.ха.ли ль вы? слы.ха.ли ль вы тог.да сви.
слы.ха.ли ль вы? слы.ха.ли ль вы? слы.ха.ли ль вы тог.да сви.
cresc.
pizz.
poco cresc.

T.
-ре-ли звук у-ны-лый и про-стой, слы-ха-ли ль вы, слы-ха-ли ль вы?
O.
-ре-ли звук у-ны-лый и про-стой, слы-ха-ли ль вы? слы-ха-ли ль
20
2 Tempo I
Fl. I
Fl. II
Cl.
T.
слы-ха-ли ль вы, слы-ха-ли ль вы?
O.
вы, слы-ха-ли ль вы, слы-ха-ли ль вы?
Ларина
О-ни по-ют, и я, бы-
Arpa
arco

Fl. I
Fl. II
Ob.
Cl. I
Fag.
Cor.
Лар.
-ва - ло, в дав - но про - шед - ши - е го - да, ты пом - нишь ли, и я пе -
(p)

Татьяна
(p)
Вздо - хну - ли ль вы,
вни - ма - я
Ольга
(p)
Вздо - хну - ли ль вы,
Лар.
- ва - ла!
Как я лю - би - ла Ри - чард - со - на!
Няня
(p)
Вы бы - ли мо - ло - ды тог - да!
Вы бы - ли
p
30

Т.
ти - хий глас пев - ца люб - ви, пев - ца сво - ей пе -
О.
вни - ма - я ти - - - хий глас пев - ца люб - ви, пев - ца пе -
Лар.
Не по.то.му, что.бы про.чла, но в ста.ри.ну княж.на А.ли - на, мо.я мос.
Н.
мо.ло.ды тог.да!
Т.
- ча - ли, ког - да в ле - сах вы ю - но - шу ви -
О.
- ча - ли? В ле - сах вы ю - но - шу ви -
Лар.
- ков.ска.я ку.зи - на, твер.ди.ла час.то мне о нем.
Н.
Да, пом - ню, пом - - ню! В то вре.мя был е.щё же.них суп.руг ваш,

Т.
О.
Лар.
Н.
-да - - - ли, встре - ча - я взор е - го по - тух - ших
-да - - - ли, встре - ча - я взор е - го по - тух - - - ших
Ах, Гран-ди-сон, ах, Ри-чард-сон! Ах, Гран-ди-сон!
но вы по-не-во - ле тог-да меч - та-ли о дру-гом, ко-то-рый серд-цем и у-мом
Cl. I
глаз? Вздо - хну-ли ль вы, вздо - хну - ли ль
глаз. Вздо - хну - ли ль вы, вздо - хну - ли ль вы,
Ах, Ри-чард - сон! Ведь он был слав - ный франт, иг - рок и гвар-ди-и сер-
вам нра-вил-ся го-раз - до бо - ле!
arco

Fl.
Ob.
Cl.I
3
3
Fag.
Cor.
cresc.
f
T.
вы, вздох - ну - ли ль вы, вздох - ну - ли ль
cresc.
O.
вздох - ну - ли ль вы, вздох-ну-ли ль вы,
Лар.
-жант! Как я все-гда бы ла о - де-та! Все-гда по мо-де и к ли-
Н.
Дав-но про-шед-ши-е го-да! Все-гда по мо - де!
pizz.
pizz.
pizz.
pizz.
poco cresc.
poco cresc.
poco cresc.
poco cresc.
pizz.
40
poco cresc.

Т.
вы, вздох - ну - ли ль вы, ветре - ча - я взор по - тух - ших
О.
вздох - ну - ли ль вы, вздох - ну - ли ль вы, ветре - ча - я взор по - тух - ших
Лар.
- цу! Но вдруг без мо - е - го со - ве - та...
Н.
Всег - да по мо - де и к ли - цу...
Свез - ли вне - зап - но вас к вен - цу, по - том, что - бы рас -
Т.
глаз, вздох - ну - ли ль вы, вздох - ну - ли ль вы,
О.
глаз, вздох - ну - ли ль вы, вздох - ну - ли ль
Лар.
Ах, как я пла - ка - ла сна - ча - ла, с суп - ру - гом чуть не раз - ве - лась,
Н.
- се - ять го - ре, сю - да при - е - хал ба - рин вско - ре, вы тут хо - зяй - ством за - ня -

Т.
вздох - ну - ли ль вы, вздох - ну - - - - - - - ли ль
О.
вы, вздох - ну - ли ль вы, вздох - ну - - - - - - - ли ль
Лар.
по - том хо - зяй - ством за - ня - лась, при - вык - ла и до - воль - на ста - ла.
Н.
- лись, при - вык - ли и до - воль - - ны ста - ли, и сла - ва бо - гу.
Moderato (♩ = 88)
Т.
вы?
О.
вы?
p poco a poco cresc.
Лар.
При - выч - ка свы - ше нам да - на, за - ме - - на сча - сти - ю о - на,
p poco a poco cresc.
Н.
При - выч - ка свы - ше нам да - на, за - ме - на
arco
p

Fl. I
Fl. II
Ob.
Cl.
Fag.
Cor.
Лар.
да, так - - то так: при - выч - ка свы - ше нам да - на, за - ме - на сча - сти - ю о -
Н.
сча - сти - ю о - на, да, так - то так: при - выч - ка свы - ше нам да - на, за - ме - на сча - сти - ю о -
Arpa
50

Лар.
- на!
Кор - сет, аль -
Н.
- на!
pizz.

Fl. I
Ob.
Cl. I
Fag.
Лар.
-бом, княж-ну По - ли - ну, сти-хов чув-стви-тель-ных те-традь - я
Н.
pizz.

poco cresc.
mf
Лар.
все за-бы-ла.
Н.
Ста-ли звать А-куль-кой преж-ню-ю Се-ли-ну и об-но-
60

3
a 2
mf
p
mp
p cresc.
Лар.
Ах! на ва - те шлаф - рок и че - пец! При - быч - ка свы - ше нам да -
Н.
- ви - ли на - ко - нец на ва - те шлаф - рок и че - пец!
arco

I
I
I
p
Лар.
f
-на, за - ме - - на сча-сти-ю о-на, да, так- -то
Н.
p cresc. f
При-выч-ка свы-ше нам да-на, за - ме - - на сча-сти-ю о-на, да, так-то

Fl. I
Fl. II
Ob
Cl.
Fag.
Лар.
так, при-выч-ка свы-ше нам да - на, за-ме-на сча-сти-ю о - на. Но муж ме-ня лю-бил сер-
Н.
так, при-выч-ка свы-ше нам да - на, за-ме-на сча-сти-ю о - на.
70
Лар.
- деч - но, во всем мне ве - ро-вал бес-печ - но.
Н.
Но ба-рин вас лю-бил сер-деч-но, во всем вам ве-ро-вал бес-

Fag.
I
mf
Лар.
f
При - выч - ка свы - ше нам да - на, за - ме - на сча - сти - ю,
Н.
- печ - но! При - выч - ка свы - ше нам да - на, за - ме - на сча - сти - ю,
ritenuto
p
(За сценой слышится хор крестьян, постепенно приближаясь)
счас - ти - ю о - на!
Хор
Сопрано
Альты
Тенора
Басы
Запевала
Бо-
p cresc.
ff
pp

2. Хор и пляска крестьян

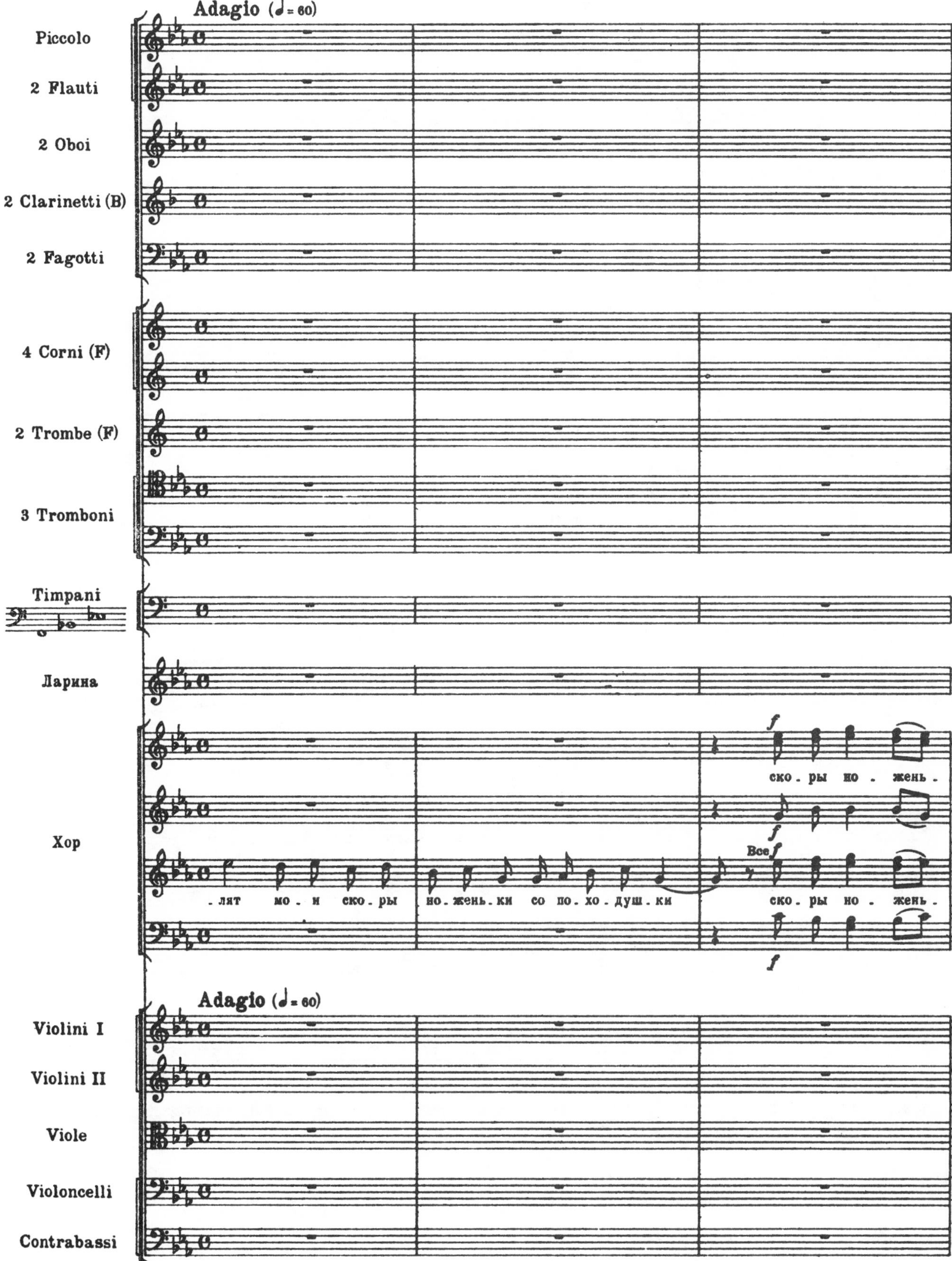

-ки со по-хо-душ-ки!
бе-лы ру-чень-
Запевала
-ки со по-хо-душ-ки! Бо-лят мо-и бе-лы ру-чень-ки со ра-бо-туш-ки,
Все
бе-лы ру-чень-
-ки со ра-бо-туш-ки!
Ще-мит мо-е ре-ти-во-е серд-це, серд-це да со за-
Ще-мит мо-е ре-ти-во-е серд-це со за-
-ки со ра-бо-туш-ки!
Ще-мит мо-е ре-ти-во-е серд-це со за-
Ще-мит мо-е ре-ти-во-е серд-це со за-бо-туш-ки, со за-
4
Fl. I
mf
Cl.
mf
-бо-туш-ки! Не зна-ю, как быть, как лю-без-но-го за-быть.
-бо-туш-ки!
-бо-туш-ки! Не зна-ю, как быть, как лю-без-но-го за-быть.
-бо-туш-ки!
V-ni II
pizz.
mf
V-le
pizz.
mf
Vc.
pizz.
mf
Cb.
pizz.
mf

Fl. I
Ob. I
mf
Cl.
Fag.
a 2
mf
Cor.
Tr-be
Tr-ni
(Все)
Бо - лят мо - и ско - ры но - жень - ки со по - хо - душ - ки.
pizz.
mf

f pesante
I
f pesante
mf
I
f pesante
a 2
I
mf
mf pesante
mf pesante
mf pesante
Ско - ры но - - жень - - ки со по - хо - душ - ки!
Ско - ры но - - жень - - ки со по - хо - душ - ки! Бо - лят мо - и бе - лы
20

f
f
f
mf
mf
(Входят крестьяне; впереди несут разукрашенный сноп)
бе.лы ру. . чень. . ки со ра.бо.туш.ки!
ру.чень.ки со ра.бо.туш.ки,
бе.лы ру. . чень. . ки со ра.бо.туш.ки!

Andante (♪ = 138)
f
f
f
f
(f)
f
f
Здрав - ствуй, ма - туш - ка
ба - ры - ня,
здрав - ствуй, на - ша кор -
ми - ли - ца,
f
f
Здрав - ствуй, ма - туш - ка
ба - - ры - ня,
здрав - ствуй, на - ша кор -
f
Andante (♪ = 138)
pizz.
mf
pizz.
mf
pizz.
mf
pizz.
mf
pizz.
mf

(♩ = ♩)
a 2
f
mf
вот мы при-шли к тво-ей ми-лос-ти, сноп при-нес- -ли ра-зу-кра-шен-ный!
-ми- -ли-ца, мы те-бе сноп при-нес- -ли ра-зу-кра-шен-ный!
(♩ = ♩)
arco
30

a 2
ff
a 2
mf
Сжат - вой по - кон - чи ли мы!
Сжат - вой по - кон - чи ли мы!

5 Poco meno mosso (♪ = 100)
I
mf
I
f
I
mf
I
mf
Ларина
Что ж, и пре-крас-но, ве-се-ли-тесь, я ра-да вам.
5 Poco meno mosso (♪ = 100)
mf
mf
mf
mf
mf

a 2
p cresc.
p cresc.
f
f
p cresc.
a 2
p cresc.
p cresc.
III
p
Timp.
p poco a poco
Пар.
Про - пой - те что - ни - будь по - ве - се - лей!
Из - воль - те, ма - туш - ка! По - те - шим
По - те - шим ба - ры - ню,
f
p
cresc.
p cresc.
40

Timp.
cresc.
ба - ры-ню, ну, дев-ки, в круг схо-ди-тесь, ну, что ж вы, ста-но-ви-тесь, ста-но-ви-тесь!
по - те-шим ба - ры-ню, ну, дев - ки, в круг схо-ди-тесь, что ж вы, схо-ди-тесь!

a 2
ff
ff
ff
ff
f
f
f
f
f
ff
ff
ff
ff
ff

Moderato assai (♩ = 88)
a2
Fl.
Ob.
Cl.
Fag. a2
Cor.
Tr-be
Tr-ni
Timp.
Хор
Сопр.
(Во время пения хора девушки пляшут со снопом)
Уж как по мос-ту, мос-точ - ку, по ка - ли-но-вым до-соч - кам, вай - ну, вай-ну, вай-ну, вай - ну,
Альты
Тен.
Уж как по мос-ту, мос-точ - ку, по ка - ли-но-вым до-соч - кам, вай - ну, вай-ну, вай-ну, вай - ну,
Басы
вай - ну, вай - ну, вай - ну,
Moderato assai (♩ = 88)
pizz.
50

a2
a2
по ка.ли.но.вым до.соч . кам.
Тут и шел.про.шел де.ти . на,
слов . но я . го.да ма.ли . на,
по ка.ли.но.вым до.соч . кам.
Тут и шел.про.шел де.ти . на,
слов . но я . го.да ма.ли . на,
по ка . ли.но.вым до.соч . кам.

6
(Во время пения Татьяна и Ольга выходят на балкон)
вай - ну, вай-ну, вай-ну, вай - ну, слов - но я-го-да ма-ли - на. На пле-че не-сет ду-бин-ку,
вай - ну, вай-ну, вай-ну, вай - ну, слов - но я-го-да ма-ли - на. На пле-че не-сет ду-бин-ку,
вай - ну, вай - ну, вай - ну, слов - но я-го-да ма-ли - на.
6
arco
arco
arco
arco

a 2
под по-лой не-сет во-лын-ку, вай-ну, вай-ну, вай-ну, вай-ну, под по-лой не-сет во-лын-ку,
под по-лой не-сет во-лын-ку, вай-ну, вай-ну, вай-ну, вай-ну, под по-лой не-сет во-лын-ку,
60

Picc.
a 2
Fl.
Ob.
Cl.
a 2
Fag.
a 2
под дру - гой не-сет гу-до-чек. До га-дай-ся, мил дру-жо-чек, вай - ну, вай-ну, вай-ну, вай-ну,
под дру - гой не-сет гу-до-чек. До-га-дай-ся, мил дру-жо-чек, вай - ну, вай-ну, вай-ну, вай-ну,
вай - ну, вай - ну, вай-ну,

a2
a2
a2
p
III. IV a2
p
до - га - дай - ся, мил дру - жо - чек. Солн - це се - ло, ты не спишь ли? Ли - бо вый - ди, ли - бо вы - шли!
до - га - дай - ся, мил дру - жо - чек. Вый - ди, ли - бо вы - - шли!
mf
вай - ну, вай - ну, вай - ну. Вый - ди, вый - ди, вый - ди, ли - бо вы - шли!
pizz.

Fl.
Ob.
Cl.
Fag.
a 2
Timp.
mf
p
IV
arco
Вай - ну, вай-ну, вай-ну, вай - ну, ли - бо вый-ди, ли-бо вы - шли! Ли - бо Са-шу, ли-бо Ма - шу,
Вай - ну! Вай-ну, вай - - ну! Ли - - бо Са - шу
Вай - ну! Вай - ну! Вай - ну, вай - ну, вай - ну.

a2
ли - бо ду - шеч - ку Па - ра - шу! Вай - ну, вай - ну, вай - ну, вай - ну, ли - бо ду - шеч - ку Па - ра - шу!
ли - - бо Ма - шу, ли - бо ду - шеч - ку Па - ра - - - - - шу!
70

7
Picc.
Fl.
Ob.
Cl.
Fag.
Са - шу, ли - бо
ду - шеч - ку Па - ра - шу,
Са - шу, ли - бо
Ма - шу, ли - бо ду - шеч - ку Па -
Са - шу, ли - бо
ду - шеч - ку Па - ра - шу,
Са - шу, ли - бо
Ма - шу, ли - бо ду - шеч - ку Па -
Ли - бо Са - шу,
ли - бо Са - шу,
7

a 2
ff
-ра-шу, ли-бо Са-шу, ли-бо Ма-шу, ли-бо
ду-шеч-ку Па-ра-шу!
-ра-шу, ли-бо Са-шу, ли-бо Ма-шу, ли-бо
ду-шеч-ку Па-ра-шу!

a 2
a 2
ff
Па-ра-шень-ка вы-хо-ди-ла, с ми-лым ре-чи го-во-ри-ла, вай-ну, вай-ну, вай-ну, вай-ну, с ми-лым ре-чи го-во-ри-ла.
Па-ра-шень-ка вы-хо-ди-ла, с ми-лым ре-чи го-во-ри-ла, вай-ну, вай-ну, вай-ну, вай-ну, с ми-лым ре-чи го-во-ри-ла.
80

8
a 2
a 2
ff
Не бес - судь-ка, мой дру - жо - чек, вчем хо - ди - ла, в том и вы - шла! В ху - день-кой во ру - ба - шон - ке,
Не бес - судь-ка, мой дру - жо - чек, вчем хо - ди - ла, в том и вы - шла! В ху - день-кой во ру - ба - шон - ке,
В ху - день - - кой ру -
8

во ко.рот.кой по.ни.жон.ке, вай - ну, вай.ну, вай.ну, вай.ну, вай.ну, в ху.день.кой во ру.ба -
во ко.рот.кой по.ни.жон - ке, вай - - ну, вай - ну, вай - ну, вай - ну, вай - ну, в ху.день.кой во ру.ба -
- ба - - шон - ке,
90

a 2
-шон - ке, во ко - рот - кой
по - ни - жон - ке!
Вай - ну, вай - ну, вай - ну,
вай - ну, вай - ну, вай - ну,
-шон - ке, во ко - рот - кой
по - ни - жон - ке!
Вай - ну, вай - ну, вай - ну,
вай - ну, вай - ну, вай - ну,

вай - ну, вай - ну, вай - ну,
вай - ну, вай - ну, вай - ну,
вай - ну, вай - ну, вай - ну, вай - ну, вай - ну,
вай - ну!
вай - ну, вай - ну, вай - ну,
вай - ну, вай - ну, вай - ну,
вай - ну, вай - ну, вай - ну, вай - ну, вай - ну,
вай - ну!

3. Сцена и ария Ольги

poco animando
Poco più animato (♩=72)
T.
- да - то, ку - да - то да - ле - ко!
f
dim.
p
Ольга
(p)
Ах, Та - ня! Та - ня! Все - гда меч - та - ешь ты.
mf
10
Timp.
(Ольга ласкается к матери, потом поет следующую арию, подойдя к авансцене. Ларина, Татьяна и Филиппьевна окружают ее)
O.
А я так не в те - бя, мне ве - се - ло, ко - гда я пе - нье слы - шу.

Moderato assai (♩=88)
Fl.
riten.
Ob.
Cl.
Fag. a2
Cor. I
(приплясывая)
O.
Уж как по мосту, мосточку, по калиновым досочкам!
Fl. Andante mosso (♩=80)
Cor.
O.
Я не способна к грусти томной, я не люблю мечтать в тиши

Fl.
Ob.
Cl.
Cor.
O.
иль на бал.ко.не ночь.ю тем.ной взды.хать, взды.хать, взды.хать из глу.би.ны ду.
Ob.
Cl.
Fag.
Cor. I.II
O.
.ши. За.чем взды.хать, ко.гда счаст.ли.во мо.и дни ю.ны.е те.кут?
pizz.

II
I.II
O.
Я без-за-бот-на и ша-лов-ли-ва, ме-ня ре-бен-ком все зо-вут!
arco
p poco cresc.
30
10
a2
Cor.
Мне бу-дет жизнь всег-да, всег-да, ми-ла, и я ос-та-нусь, как и преж-де,
pizz.

poco più animato
Ob.
Cl.
Fag.
più f
O.
по-до-бна вет-ре-ной на-деж-де,
резва, бес-печ-на, ве-се-ла!
40
poco riten.
По-до-бна вет-ре-ной на-деж-де,
рез-ва, бес-печ-на, ве-се-ла!
arco
mf
p
f

Tempo I
Fl.
I
p
Cl.
I
p
Fag.
p
O.
Я не спо - со - бна к гру - сти том - ной;
stacc.
p
stacc.
p
stacc.
p
p
p
Fl.
(I)
Cor.
IV
p
O.
я не лю - блю меч - тать в ти - ши,
иль на бал - ко - не
50

Fl.
Ob.
Cl.
Fag.
Cor.
O.
poco rit.
ночь - ю тем - ной
взды - хать взды - хать, взды - хать
11
Tempo I
из глу - би - ны ду - ши. За - чем взды хать, ко - гда счаст - ли - во мо - и дни
pizz.

Fl.
Ob.
Cl.
O
ю - ны - е те - кут? Я без - за - бот - на и ша - ло - вли - ва, ме - ня ре - бен - ком все зо -
pp
pizz.
arco
Fl.
p
Ob.
Cl.
Fag.
O
- вут!
arco

4. Сцена

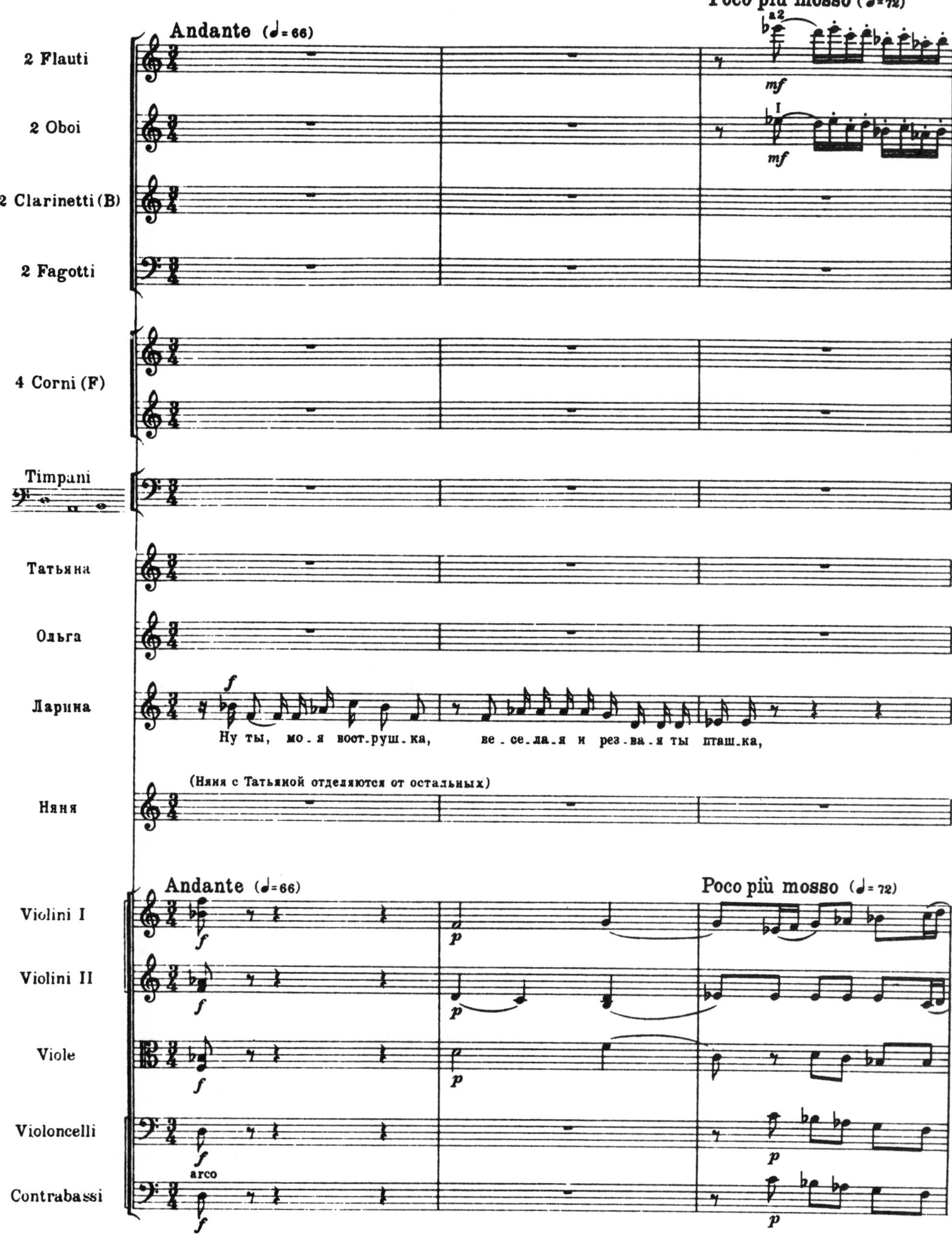
Poco più mosso
Andante
2 Flauti
2 Oboi
2 Clarinetti (B)
2 Fagotti
4 Corni (F)
Timpani
Татьяна
Ольга
Ларина
Ну ты, мо-я востр-уш-ка, ве-се-ла-я и рез-ва-я ты пташ-ка,
(Няня с Татьяной отделяются от остальных)
Няня
Andante
Poco più mosso
Violini I
Violini II
Viole
Violoncelli
arco
Contrabassi

a 2
I
Andante (♩ = 66)
Лар.
я ду-ма-ю, пля-сать сей-час го-то-ва, не прав-да ли?
Няня
Та-ню-ша!
espress. molto
Cl.
Fag.
Татьяна
Нет, Ня-ня, я здо-ро-ва.
Н.
а Та-ню-ша! Что с то-бой? Уж не боль-на ли ты!

Moderato assai
rit.
Adagio (♩= 58)
Fl.
Ob.
Cl.
Fag.
Cor.
Timp.
Ларина
(обращаясь к хору)
Ну, ми.лы.е, спа.си.бо вам за пе.сни, сту.пай.те к фли.ге.лю. Фи.
pizz.

più mosso
I
mf
a 2
mp
f
Лар.
-лип-пьев-на, а ты ве-ли им дать ви-на.
Про-щай-те, дру-ги!
(Крестьяне уходят, Няня уходит вслед за ними. Татьяна садится на ступени террасы с книгой, в которую углубляется)
Хор
Сопрано
Альты
Тенора
Басы
Про-щай-те, ма-туш-ка!
Про-щай-те, ма-туш-ка!
più mosso
arco

12 Andante (𝅗𝅥 = 69)
Cor.
Ольга
Ма - ма - ша, по - смот - ри - те - ка на Та - ню!
Лар.
А что! И впрямь, мой друг, блед.
Cl.
Fag.
Татьяна
Я все - гда та - ка - я, вы не тре - вожь - тесь, ма - ма!
Лар.
- на ты о - чень.
20

Ob.
I
p molto espress.
Cl.
p
Fag.
p
T.
О - чень ин - те - рес - но то, что чи - та - ю.
Да как же,
(смеется)
Лар.
Так от - то - го бле - дна ты?
p
mf
cresc. poco a poco
p cresc. poco a poco
cresc. poco a poco
Cor. I. II
mp
ма - ма, по - весть мук сер - деч - ных
влю - блен - ных двух ме - ня вол -

T.
-ну-ет, мне так жаль их бед-ных! Ах! как о-ни стра-да-ют, как о-ни стра-да-ют!
Ларина
Пол-но, Та-ня, бы-ва-ло, я, как ты, чи-та-я кни-ги э-ти, вол-но-ва-лась.
II
f
dim.
mf
p
30

Fl. I
Fl. II
Ob.
Cl.
Fag.
Лар.
Все э - то вы - мы-сел, про - шли го - да, и я у - ви - де - ла, что в жиз - ни
Fl.
Cl.
Ольга
На-прас-но так по-кой - ны: смот-ри-те, фар-тук ваш вы снять за-
Лар.
нет ге-ро-ев, спо-кой-на я.

Fl. I
Ob.
Cl. I
Fag.
Cor.
Timp.
Татьяна
O.
(смеётся)
-бы-ли! Ну, как при-е-дет Лен-ский, что тог-да!
Ларина
(Ларина снимает торопливо передник)
Няня
p
p
p
p
p

13 Allegro agitato (♪ = 158)
Fl. I
Fl. II
Ob.
Cl.
Fag.
(смотря с террасы)
T.
Он не о.
O.
Чу! подъ.ез.жа.ет кто.то... Э - то он!
Пар.
И в са.мом де.ле!
H.
13 Allegro agitato (♪ = 158)
pizz.

più f
più f
più f
più f
Т.
-дин...
О.
Лар.
Кто б э-то был?
Н.
(вбегает впопыхах с казачком)
Су-да-ры-ня, при-е-хал Лен-ский, ба-рин,
p
p
p
p

a2
Fl.
p
più f
Ob.
Cl.
I
p cresc.
poco
Fag.
(хочет бежать)
T.
Ах, ско.ре.е у.бе.гу!
O.
(удерживает её)
Лар.
Ку.да ты, Та.ня? Те.
Н.
с ним гос.по.дин О.не.гин!

a 2
О.
Лар.
Н.
-бя о.су.дят. Ба - тюш.ки, а чеп - чик мой на бо.ку!
(Няня охорашивает Татьяну и потом уходит, делая ей знак, чтоб та не боялась)
Ве.ли.те же про.
50
-сить.
(казачку)
Про.си ско.рей, про.си.
(Казачок убегает. Все в величайшем волнении приготовляются встретить гостей)

5. Сцена и квартет

Fl.
Cl.
Fag.
I
mf
Л.
Я на се-бя взял сме-лость при-весть при - я - те-ля!
Ре - ко-мен - ду - ю вам: О - не - гин, мой со-
Cl.
Fag.
Ларина
(конфузясь)
По-ми-луй-те, мы ра-ды вам; при-сядь - те;
-сед.
Онегин
Я о - чень счаст-лив.
p
10

Лар.
вот до-че-ри мо-и!
Вой-дем-те в ком-на-ты, иль, мо-жет быть, хо-
Он.
Я о-чень, о-чень рад!
Fl.
a2
Лар.
-ти-те на воль-ном воз-ду-хе о-стать-ся?
Про-шу вас, без це-ре-

14
Meno mosso (𝅗𝅥 = 80)
Лар.
-мо-ний будь-те, мы со-се-ди, так нам чи-нить-ся не-че-го!
Ленский
Пре-лест-но здесь! Лю-блю я э-тот
p
Fl.
a 2
Cl.
a 2
Лар.
Пре-крас-но!
Л.
сад у-кром-ный и те-ни-стый! В нем так у-ют-но!
20

Лар.
Пой - ду по - хло - по - тать я в до - ме по хо - зяй - ству, а вы го - стей зай - ми - те.
Ob.
Cl.
I
Fag.
Cor.
Лар.
(уходит, делая знаки Тане, чтоб та не дичилась)
Я сей - час!
(Ленский с Онегиным отходят направо. Таня и Ольга стоят на противоположной стороне)

Andante (♪= 76)
Cor. I
Татьяна
Я до-жда-лась, от-кры-лись
Ольга
Ах, зна-ла, зна-ла я, что по-яв-ле-нье О-не-ги-на
Ленский
Да та, ко-то-ра-я груст-на и мол-ча-
Онегин
Ска-жи, ко-то-ра-я Тать-я-на? Мне о-чень лю-бо-пыт-но знать.
pizz.
30
Т.
о - - - чи! Я зна - - - ю, зна - - ю, э-то
О.
про-из-ве-дет на всех боль-шо-е впе-чат-ле-нье, и всех со-се-дей раз-вле-
Л.
ли - ва, как Свет-ла-на! А что?
Он.
Не-уж-то ты влюб-лен в мень-шу-ю? Я вы-брал бы дру-
cresc.
più f
poco cresc.

Т.
. он! У - вы, те - перь и дни, и но - чи, и
О.
. чет! Пой - дет до - гад - ка за до - гад - кой, все ста - нут тол - ко - вать у - крад - кой, шу -
Л.
Ах, ми - лый друг, во - лна и ка - мень, сти -
Он.
- гу - ю, ког - да б я был, как ты, по - эт! В чер - тах у Оль - ги
f
più f
Т.
жар - кий, о - ди - но - кий сон — всё, всё на - пол - нит об - раз
О.
- тить, су - дить не без гре - ха! Пой - дет до - гад - ка за до - гад - кой, все
Л.
- хи и про - за, лед и пла - мень не столь раз - лич - - ны меж со -
Он.
жиз - ни нет, точь в точь в Ван - ди - ко - вой ма - дон - не. Круг - ла, крас - на ли - цом о -
p cresc.
40

Т.
ми - - - - - лый, без у - мол - ку, вол - шеб - ной си - лой всё бу - дет
О.
ста - нут тол - ко - вать у - крад - кой, шу - тить, су - дить не без гре - ха и Та - - не,
Л.
- бой! Во - лна и ка - мень, лед и пла - мень, сти - хи и про - - за, лед и
Он.
- на — как э - та глу - - - па - я лу - - на на э - том глу - пом,
Т.
мне твер - дить о нём и ду - шу жечь лю́бв - ви ог - нём!
О.
и Та - не про - чить же - - - - ни - - ха!
Л.
пла - мень не столь раз - лич - ны меж со - бой, как мы вза - им - ной ра - зно -
Он.
глу - - - пом не - бо - скло - - - - - - - не!

Т.
Всё бу - дет мне твер - дить о
О.
Пой - дет до - гад - ка за до -
Л.
- той! Во - лна и ка - мень, лед и
Он.
Круг - ла, крас - на ли - цом о - на, как э - та глу - па - я лу - на на
50
Т.
нем и ду - шу
О.
- гад - кой, и ста - нут
Л.
пла - мень, сти - хи и про - за не столь раз - лич - ны меж со - бой, как
Он.
э - том глу пом не - бо - скло - не!
pizz.

riten.
a tempo
Fl.
a2
Ob.
Cl.
Fag.
Cor.I.II
Т.
жечь люб - ви ог - нем.
О.
Та - не про-чить же - ни - ха.
(Ленский подходит к Ольге. Онегин довольно бесцеремонно рассматривает Таню, которая стоит, опустив глаза в землю, потом подходит к ней и занимается разговором.)
Л.
мы вза-им-ной раз-но - то - ю.
Он.
Я вы-брал бы дру - гу - ю!
riten.
a tempo
arco
arco
arco

6. Сцена и ариозо Ленского

О.
Вче - ра мы ви - де - лись, мне ка - - же - тся!
Л.
сно - ва ви - жусь с ва - ми!
О
più f
p
10
Cl.
poco riten.
I espress.
p dolce
Л.
да, но все ж день це - лый, дол - гий день про - шел в раз - лу - ке — э - то веч - ность!
fp
arco

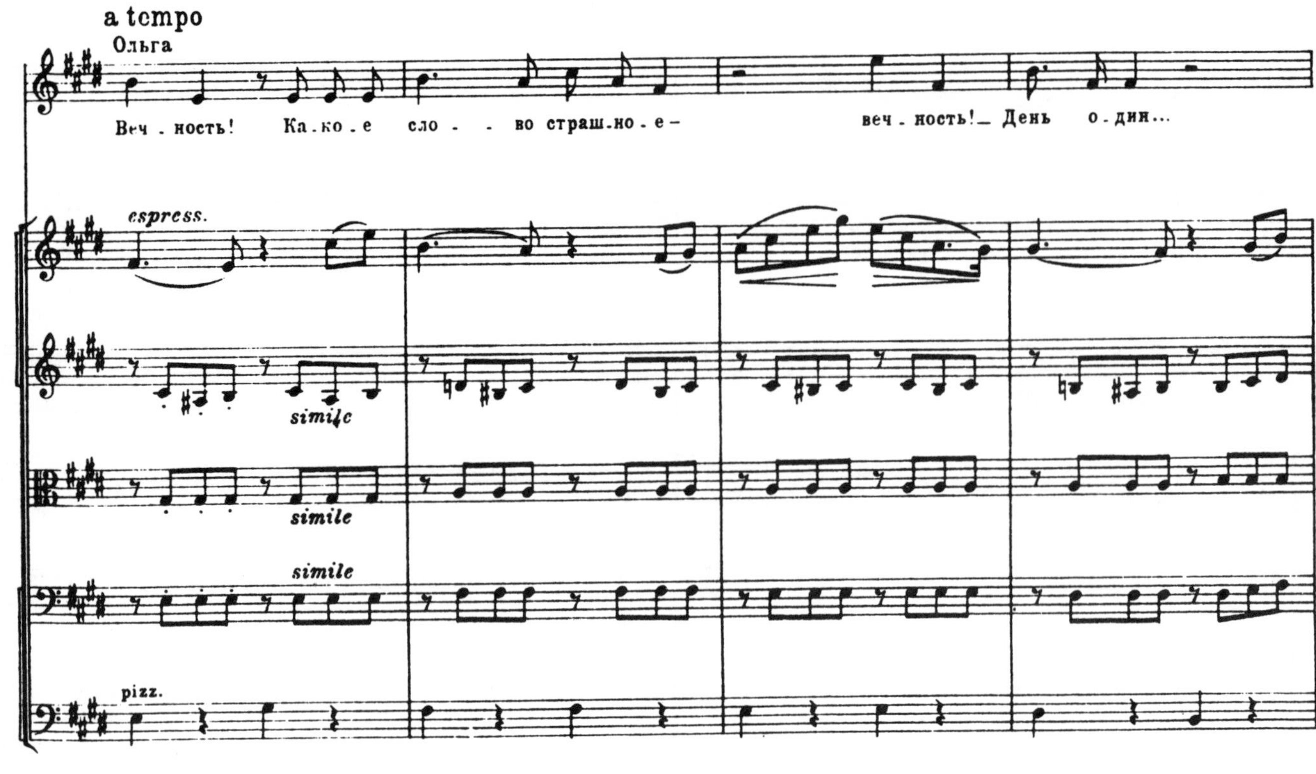

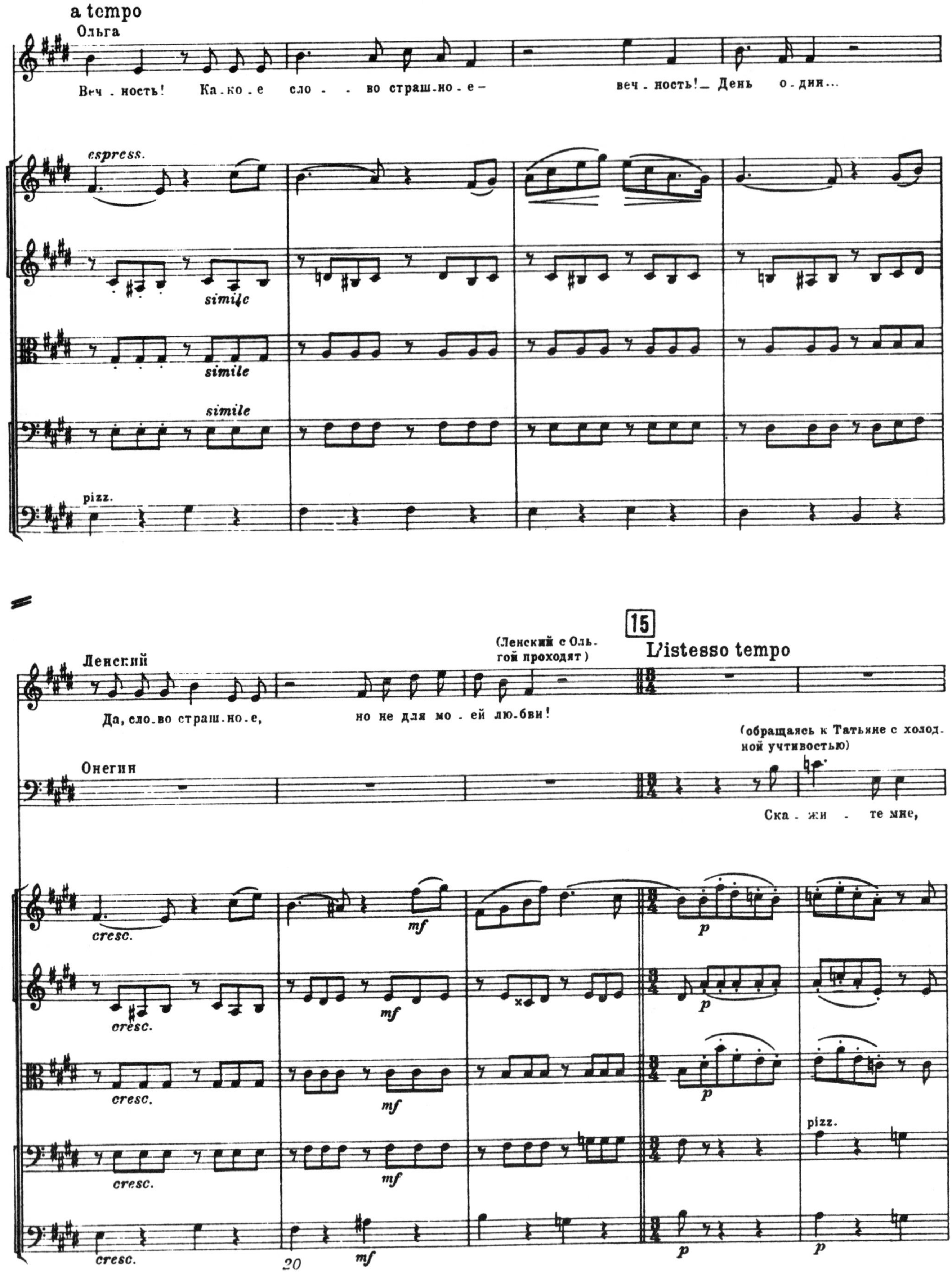
a tempo
Ольга
Веч - ность! Ка - ко - е сло - - во страш - но - е -
веч - ность! — День о - дин...
espress.
simile
simile
simile
pizz.
Ленский
Да, сло - во страш - но - е,
но не для мо - ей люб - ви!
(Ленский с Ольгой проходят)
15
L'istesso tempo
(обращаясь к Татьяне с холодной учтивостью)
Онегин
Ска - жи - те мне,
cresc.
mf
p
pizz.
20

Cl.
Fag.
Он.
я ду - ма - ю, бы - ва - ет вам пре - скуч - но здесь в глу - ши, хо - тя пре -
Fl.
Ob.
Cl.
Fag.
Cor.
- лест - ной, но да - ле - кой. Не ду - ма - ю, чтоб мно - го раз - вле - че - ний да - но вам

Fl.
Ob.
espress.
p
Cl.
p
I
Fag.
p
I
Cor.
Татьяна
Я чи-та-ю мно-го.
Ольга
Ленский
Он.
бы-ло.
Прав - - да, да-ет нам чте-нье без-дну пи - щи

Fl. I
Ob. I
Cl.
Fag.
Cor.
III
T.
Меч - та - ю и-ног.
О.
Л.
Он.
для у-ма и сер-дца, но не все - гда си-деть нам мож-но с кни-гой.
40

16
Cor. I. II
T.
-да, бро-дя по са-ду.
За-
Он.
О чем же вы меч-та-е-те?
arco
arco
T.
-дум-чи-вость-мо-я по-дру-га от са-мых ко-лы-бель-ных дней.
Он.
Я ви-жу, вы меч-та-тель-ны у-
50

Ленский
(горячо,
Я люб.
(Онегин проходит в другую сторону сада с Татьяной, Ленский в это время возвращается с Ольгой)
Он.
-жас - но; и я та-ким ко-гда-то был!
molto
dim.
60
L'istesso tempo
страстно)
Л.
-лю вас, я люб-лю вас, Оль-га, как од-на без-ум-на-я ду-ша по-
espress.
simile
pizz.
meno mosso (♩ = 84)
Л.
-э-та е-ще лю-бить о-суж-де-на. Все-гда, вез-де од-но меч-
più f
arco

animando
a2
Fl.
Ob.
I
Cl.
Л.
-та-нье, од-но при-выч-но-е же-лань-е, од-на при-выч-на-я пе-чаль! Я
70
Andante non tanto (♩ = 76)
Cor. I. II
от-рок был, то-бой пле-нен-ный, сер-деч-ных мук е-ще не знав, я

Tempo I (♩ = 96)
espress.
Ob.
cresc.
Л.
был сви - де - тель у - ми - лен - ный тво - их мла - ден - чес - ких за - бав! В те -
pizz.
pizz.
80
Fl. a2
riten.
Cl.
Fag.
(с боль.
- ни хра - ни - тель - ной дуб - ра - вы я раз - де - лял тво - и за - ба - вы, ах, я люб -
arco

17
Andante non tanto (♩ = 76)
accelerando
colla parte
Fag.
Cor.
I
mf
(…шой выразительностью)
cresc. poco a poco
ff
Л.
-лю тебя, я люб-лю тебя, как од-на ду-ша по-э-та толь-ко лю-бит! Ты од-
arco
riten.
-на в мо-их меч-тань-ях, ты од-но мо-е же-лань-е, ты мне ра-дость и стра-дань-е, я люб-
dim.
90

Tempo I
Fl.
a2
accelerando
Fag.
Cor.
I
Л.
-лю те.бя, я люб - лю те.бя-и ни.ког - да ни.что-ни о.хлаж.да.ю.ща.я даль, ни час раз.
Cl.
molto ritard.
Fag.
Л.
-лу.ки, ни ве.се - лья шум.не о.тре.звят ду.ши, со.гре.той дев.ствен.ным люб - ви ог
100

Andante
Cl.
Fag.
Ольга
Под кро.вом сель.ской ти.ши.ны рос.ли с то.бо.ю вме.сте мы и, пом.нишь, про.чи.ли вен.
Л.
.нем!
Я люб.лю те.бя!
ritenuto
О.
.цы уж в ран.нем дет.стве нам с то.бой на.ши от.цы!
(На террасу выходит Ларина с няней.
Темнеет; к концу картины совсем темно)
Л.
Я люб.лю те.бя, люб.лю те.бя!

7. Заключительная сцена

Fl.
I
Fag.
I
Лар.
Да ска-жи-ка ей, по-ра-де в ком-на-ты,
Н.
-да гу-ля-ет с гос-тем; пой-ду е-е по-кли-кать.
p
Ob.
I
p
Cl.
I
p
Cor. I. II
a2
pp
Лар.
(к Ленскому)
гос-тей го-лод-ных по-пот-че-вать чем бог по-слал! Про-шу вас, по-жа-луй-те!

18
Ob.
Cl.
Fag.
Cor.
Ленский (Няня уходит)
Мы вслед за ва.ми!
(Появляется Онегин с Татьяной. Позади их няня,
Fl.
Ob.
Cl.
Fag.
a2
старающаяся подслушать. Проходя тихо по сцене, Онегин поет следующие фразы; при последних словах он уже на террасе. Татьяна все еще сохраняет свой смущенный вид.)
Онегин
Мой дя - - дя са.мых чест.ных пра.вил, ког.да не в шу.тку за.не.мог,
pizz.
pizz.

I
I
I
I
Cor.
III
Он.
он у-ва-жать се-бя за-ста-вил
и луч-ше
вы-ду-мать не мог,
его при-мер-дру-
Cor.
(уже на террасе)
Он.
-гим на-у-ка.
Но
бо-же мой, ка-ка-я
ску-
-ка
с боль-
arco
arco
30

Он.
-ным си-деть и день, и ночь, не от-хо-дя ни ша-гу прочь!
19
Poco meno mosso (𝅗𝅥 = 80)
Cl.
Fag.
Cor.
Няня
(mp)
Мо-я го-луб-ка, склонив го-лов-ку и глаз-ки о-пус-

Tempo I (𝅗𝅥 = 96)
Ob.
Cl. I
H.
-тив, и-дет смир-нень-ко. Сты-дли-ва боль-но! А и то! Не при-гля-нул-ся ли ей ба-рин э-тот
poco cresc.
40
Fl.
a 2
Cl.
Fag.
Cor.
(уходит, задумчиво качая головой)
но-вый?
dim.
più f

Fl.
a 2
p
Ob.
p
Cl.
p
Fag.
Cor.
III
p
Лар.
Н.
Л.
Он.
p
pp
mp
p
50

КАРТИНА ВТОРАЯ

8. Интродукция и сцена с няней

Театр представляет комнату Татьяны, очень просто убранную. Простые белые деревянные стулья старинного фасона, обитые ситцем. Такие же ситцевые занавески на окне. Кровать, над которой полка с книгами. Комод, покрытый салфеткой, и на нем зеркальце на столбиках. Вазы с цветами. У окна стол с чернильницей и со всем, что нужно для письма.

Andante mosso (♩ = 72)

2 Flauti
2 Oboi
2 Clarinetti (B)
2 Fagotti
4 Corni (F)
Татьяна
Няня
Violini I
Violini II
Viole
Violoncelli
Contrabassi

div. con sord. f dim.

div.
div.
unis.
div.
unis.
div.
unis.
molto

Занавес (При открытии занавеса Татьяна сидит перед зеркалом. Она очень задумчива. Няня стоит
Няня
unis.
cresc.
espressivo
dim.
20

около нее. Татьяна в белом ночном платье)
1 Poco più (𝅗𝅥 = 84)
Н.
Ну, за_бол_та_лась я! По_ра уж Та_ня, ра_но те.

Fl.
Cl.
Cor.
H.
(Татьяна лениво встает и садится на постель. Няня ласкает ее)
.бя я раз.бу.жу ко.бед.не, за.сни ско.рей.
I
pp
30
Andante giusto (𝅗𝅥 = 69)
animando
cresc.
(p cresc.)
f

ritenuto
Татьяна
Andante non tanto (♩ = 84)
(p)
Не спит-ся, ня-ня.
V-ni I
dim.
pp
V-ni II
dim.
pp
p
V-le
dim.
pp
V-c.
dim.
40
Ob.
p
Fag.
T.
Здесь так душ-но, от-крой ок-но и сядь ко мне.
Няня
(Няня садится на стул рядом с Татьяной)
Что, Та-ня, что с то-бой?
T.
Мне скуч-но, по-го-во-рим о ста-ри-не.
pizz.
pizz.

Moderato assai (♩ = 88)
I solo
Fl.
Ob.
p
Няня
О чем же, Та-ня? Я, бы-ва-ло, хра-ни-ла в па-мя-ти не-ма-ло ста-рин-ных бы-лей
Fl.
Ob.
Fag.
I
p
Cor. I. II
a 2
pp
p
H.
и не-бы-лиц, про злых ду-хов и про де-виц, а ны-не всё тем-но мне ста-ло,
mf
arco
arco

Cl.
Fag.
Cor.
H.
что зна.ла, то за . бы.ла. Да, при.шла ху . да. я че.ре . да! За.шиб.ло.
70
2
Татьяна
Рас.ска . жи мне, ня. ня, про ва.ши ста.ры. е го . да. Бы.
senza sord.
80

Poco più mosso (♩ = 100)
T.
-ла ты влюбле-на тог-да?
Няня
И пол-но, Та-ня! В на-ши ле-та мы не слы-ха-ли про лю-
p
cresc.
pizz.
90
3
Tempo I (♩ = 88)
Fl.
Cl.
Fag.
I
Н.
-бовь, а то по-кой-ни-ца свек-ровь ме-ня бы со-гна-ла со све-та!
mf
pizz.
p
100

Татьяна
Да как же ты вен - ча-лась, ня - ня?
Н.
Так, вид - но,
arco
pizz.
sempre pizz.
Fl.
I
бог ве - лел! Мой Ва - ня мо - ло - же был ме - ня, мой свет,
а бы - ло мне три - над - цать
110

Fl.
Ob.
Fag.
H.
лет! Не-де-ли две хо-ди-ла сва-ха к мо-ей род-не, и на-ко-
arco
cresc.
120
4
Fl. I
Ob. I
Cl.
Fag. II
Cor.
H.
-нец бла-го-сло-вил ме-ня о-тец! Я горь-ко пла-ка-ла от
130

a2
pp cresc.
p cresc.
I
III
H.
стра - ха,
мне с пла-чем ко - су рас-пле - ли, и с пень - ем
pizz.
Ob.
Fag.
poco meno mosso
(Татьяна обнимая няню, с увлечением и страстью)
в цер-ковь по-ве - ли. И вот вве - ли в семью чу - жу - ю... Да ты не слу-ша-ешь ме-ня...
140

Moderato (♩= 96)
Татьяна
Andante (♩= 72)
Ах, ня - ня, ня - ня, я стра - да - ю, я тос - ку - ю, мне тош - но, ми - ла - я мо - я; я пла - кать, я ры -
arco
sff
p cresc.
f
p
ff
150
Moderato (♩= 96)
Fl.
Ob.
Cl.
Fag.
Cor.
T.
- дать го - то - ва!...
Няня
Ди - тя мо - е, ты не - здо - ро - ва! Гос - подь по - ми - луй
mf
p
I

riten.
mf
dim.
pp
riten.
I
(нерешительно)
T.
H.
и спа-си!...
Дай о-кроплю те-бя свя-той во-до-ю, ты вся го-ришь!
p
160
Andante con moto (♩= 76)
Я не боль-на,
я... зна-ешь, ня-ня...
cresc.
molto espr. con anima
pizz.

T.
я... влюб-ле - на!... О - ставь ме-ня,
mp dim. p pp
mf dim. dim.
mp pp
Moderato assai (♩ = 84)
Ob.
Cl.
Fag.
Cor.
I
II
mf
T.
о-ставь ме-ня... я влюб-ле - на... По-ди, о-ставь ме-ня од -
Няня
Да как же...
cresc. f fp mf p
p cresc.
170

Fl.
Cl.
T.
- ну.
Дай, ня - ня, мне пе - ро, бу - ма - гу, да стол при - двинь,
я ско - ро - ля - гу...
Н.
pp
riten.
(няня исполняет приказание Татьяны)
Про - сти!
(уходит)
По - кой - ной но - чи, Та - ня!
sul G
f
p
180
Attacca

9. Сцена письма

Allegro moderato (♩= 120)
V-ni I
V-ni II
V-le
Vc.
Cb.
pizz.
pizz.
poco stringendo
cresc.
mf cresc.
10
Cor.
I. II
a2
Татьяна
(с воодушевлением, силой и страстью)
Пу.скай по.

5 Allegro non troppo (♩= 120)
Fl.
Ob.
Cl.
Fag.
Cor.
mf
mf
T.
mf
-гиб-ну я, но преж - де я восле - пи - тель - ной на -
Arpa
ff
5 Allegro non troppo (♩= 120
mf
mf
mf
(pizz.)
mf
(pizz.)
mf

a 2
I
I
T.
-деж - де бла-жен-ство тем-но-е зо-ву, я не-гу
20

a 2
I
I
T.
жиз-ни уз-на-ю!
Я пью вол-шеб-ный яд
же-

poco animando
Cor.
cresc.
cresc.
f
f
T.
-ла - ний, ме - ня пре - сле-ду-ют меч - ты! Вез-де, вез-
Arpa
ff
cresc.
cresc.
cresc.
cresc.
cresc.
mf
mf
mf
mf
mf
T.
-де пе-ре-до мной мой ис-ку - си - тель ро - ко-
30

riten. molto
6 Andante (♩=76)
(Подходит к письменному столу и садится, несколько времени пишет, потом останавливается)
T.
ff
-вой, вез-де, вез-де он пре-до мно - - ю!...
arco
cresc.
dim.
V-ni I
V-ni II
V-le
Vc.
Cb.
riten.
poco meno mosso
Fl.
Cl.
I.II
Татьяна
(mp)
Нет, все не то! Нач-ну сна-ча - ла...
divisi
40

Fl. I. II
7 Moderato assai quasi
Ob.
I solo
(рвет письмо)
(f)
(mp)
(пишет)
T.
Ах! Что со мной! Я вся го.рю... не зна.ю, как на. .чать!
V-ni I
unis.
dim.
V-ni II
V-le
Vc.
Cb.
pizz.
Andante
I solo
Fl.
Ob.
Cl.
Cor.
Arpa
mf

I
I
I
I
(останавливается и прочитывает написанное)
50
mf
p
mf

Fl.
Ob.
Cl.
Fag.
Cor.
Татьяна
Я к вам пи - шу -
че - го же бо - ле?
Что я мо -

T.
-гу е-ще ска-зать?
Те-перь, я зна-ю, в ва-шей во-ле ме-ня пре-
60

I
III
pp
T.
-зре-ньем на ка-зать!
Но вы, к мо-ей не-счаст-ной до-ле хоть кап- -лю

Fag. a2
Cor.
T.
жа_лос_ти хра_ня, вы не о_ста_ви_те ме_ня!
Сна_ча_ла я мол_чать хо_те_ла; по_
arco
poco riten.
Ob.
I
Cl.
I
Fag.
T.
_верь_те: мо_е_го сты_да вы не у_зна_ли б ни_ког_да, ни_ког_
pizz.
pizz.
pizz.
pizz.

Recitativo
IV
(откладывая письмо в сторону)
T.
-да! О да, кля-лась я со-хра-нить в ду-ше при-зна-нье в стра-сти пыл-кой и без-ум-ной!
arco
70
Adagio (♩ = 60)
Fl.
Ob.
Cl.
Fag.
I
T.
У - вы! Не в си-лах я вла-деть сво-ей ду-шой!

riten.
I
T.
Пусть бу-дет то, что быть долж-но со мной! Е-му при-зна-юсь я! Сме-лей, он все у-зна-ет!
(пишет)
sf
f
p
pizz.
8
Moderato assai quasi Andante (♩ = 84)
Fl.
Ob.
Cl.
Cor.
Arpa
mf
80

Fl.
Ob.
Cl.
Fag.
Cor.
T.
За - чем, за - чем вы по - се - ти - - ли нас?

T.
В глу-ши за-бы-то-го се-лень-я я б ни-ког-да не зна-ла вас, не зна-ла б

mf
p
mf
T.
горь - ко-го му - чень - я. Ду - ши не - о-пыт-ной вол - не - нья сми-рив, со
p
p
p
p
p
90

9
poco stringendo
I
più f
T.
вре - ме-нем (как знать?) по сер-дцу я на-шла бы дру - - га,
9
poco stringendo
cresc.
cresc.
cresc.
cresc.
cresc.

mf
f
cresc.
f
mf
T.
бы - ла бы вер - на - я су - пру - га и до - бро - де - тель - на - я мать...
f
f

Tempo I
a2
T.
(погружается в раздумье)
(внезапно вставая)
Дру - гой!
Tempo I
arco
arco
100

Moderato (♩. (=♩) = 100)
Fl.
Cl.
Fag.
Cor.
T.
Нет, ни-ко-му на све-те не от-да-ла бы сер-дца я! То
pizz.
pizz.
riten.
a tempo
в выш-нем суж-де-но со-ве-те, то во-ля не-ба: я тво-я!
110

Fl. I
Ob.
Cl. I
T.
Вся жизнь мо - я бы - ла за - ло - гом сви - да - нья вер - но - го с то - бой; я
зна - ю: ты мне пос - лан бо - гом, до гро - ба ты хра - ни - тель мой!
Fl.
Ob.
Cl. I
Fag.
arco
arco
120

Meno mosso (♩= 76)
Fl.
Cl.
Fag.
T.
Ты в сно-ви-день-ях мне яв - лял - - ся, не-зри-мый, ты уж был мне мил,
130
T.
твой чуд-ный взгляд ме-ня то-мил, в ду-ше твой го-лос раз-да - вал - ся!

10 Moderato (♩ = 100)
string.
T.
Дав.но... Нет, э.то был не сон! Ты чуть во.шел, я вмиг уз.на.ла, вся о.бо.мле.ла,
mf
sf
p
cresc.
pizz.
140
Andante (♩ = 76)
Fl.
a2
Ob.
Cl.
Fag.
Cor.
f
T.
за.пы.ла.ла и в мыс.лях мол.ви.ла: вот он, вот он!
arco
p

riten.
11
Moderato (come sopra)
Fag.
Cor. IV
T.
Не прав.да ль? Я те - бя слы.ха.ла, ты го.во - рил со мной в ти -
pizz.
pizz.
150
un poco animando
Fl.
Cl.
Fag.
- ши, когда я бед.ным по.мо - га - ла, и ли мо -
p poco a poco cresc.
160

a tempo
Fl.
Ob.
Cl.
Fag. I
a2
I
T.
-лит-вой ус-лаж-да-ла тос-ку ду-ши? И в э-то са-мо-е мгно-ве-нье не ты ли,
ми-ло-е ви-день - е, в про-зрач-ной тем-но-те мельк-нул, при-ник-нув ти-хо к из-го-
espr.
cresc.
170

Fl.
cresc.
Cl.
cresc.
Fag.
cresc.
riten.
T.
-ло.вью? Не ты ль сот - -ра.дой и лю.бовь.ю сло.ва на.деж.ды мне шеп - нул?
180
Andante (♩ = 69)
Ob. I
mf molto espr.
Fag.
I
p dolce espr.
Cor.
espr.
(Подходит к столу и снова садится писать, останавливаясь и как бы задумываясь)
T.
arco

Ob. I
Fag.
Cor.
I
p espress.
T.
(с большим чувством)
Кто ты-мой ан.гел ли хра.ни.тель
p
arco
190
Cor. I
espress.
и.ли ко.вар.ный ис.ку.си.тель?
Мо.и со.мнень.я раз.ре.
200

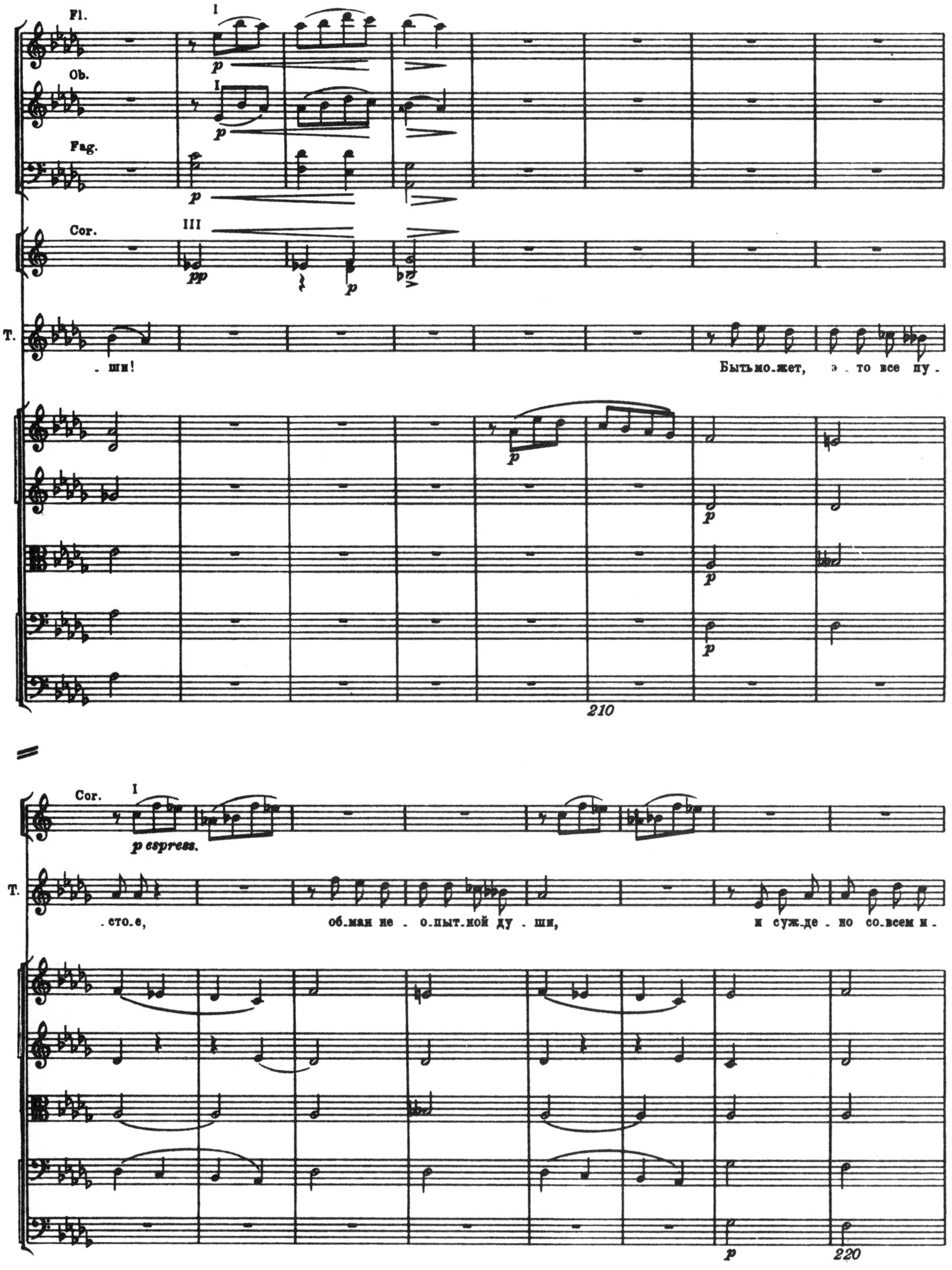
Fl.
Ob.
Fag.
Cor.
T.
I
III
p
pp
ши!
Быть мо.жет, э - то все пу -
210
Cor.
I
p espress.
T.
-сто.е,
об.ман не - о.пыт.ной ду - ши,
и суж.де - но со.всем и -
220

12 Molto più mosso (♩= 100)
Fl.
Ob.
Fag.
Cor.
(снова встает и ходит в задумчивости)
T.
-но - е?...
Но так и быть! Судь-
pizz.
pizz.
-бу мо-ю от-ны-не я те-бе вру-ча - - - - ю, пе - - ред то-

riten.
T.
-бо - - ю сле-зы лью, тво - ей за-щи-ты у - - мо-ля-ю, у-мо-ля - - -
Ob.
Tempo I
Cl.
Cor.
f (страстно, сильно)
(подходя к авансцене
T.
-ю! Во-об-ра - зи: я здесь од - на! Ни-кто ме-ня не по-ни-ма-ет!
arco
arco
240

Più mosso (𝅗𝅥 = 84)
(все более и более воодушевляясь)
cresc.
Рас.су.док мой из.не.мо.га - ет, и мол.ча гиб.нуть я дол - жна!
pp sempre cresc.
250
Fl.
Ob.
Cl.
Fag.
Cor.
T.
a2
I
accel.
Я жду те.бя, я жду те - бя! Е.ди.ным сло.вом на.деж - ды серд.це о.жи.
f
mf
ff
260

rallent.
Tr-be
Tr-ni
Timp.
T.
-ви иль сон тя - желый пе - ре - рви, у - вы, за - слу - жен - ным, у - вы, за - слу - жен - ным у - ко - -
rallent.
ff
mf
p

13 Tempo I (♩=69)
a 2
a 2
(Быстро подходит к столу и поспешно дописывает письмо)
- ром!
13 Tempo I (♩=69)
270

a2
T.

Più mosso (𝅗𝅥 = 92)
ff
I.II
T.
Più mosso (𝅗𝅥 = 92)
pizz.
280

ff
T.
3
3

I
f
f
T.

T.
(вставая и запечатывая письмо)
Кон ча - ю! Страш - но пе - ре - честь,
mf
pizz.
f
arco
290

T.
сты_дом и стра_хом за_ми_ра_ю, но мне по_ру_кой ва_ша честь и
pizz.
arco
cresc.
III
300

più vivo
attacca subito
Т.
сме - ло ей се - бя вве - ря - - - - - - - ю!
più vivo
attacca subito
310

10. Сцена и дуэт

dim.
pp
Fl. I
Fl. II
Ob.
Cl.
Fag.
cresc.
Cor.
Tr-be
Tr-ni
Arpa
10

Татьяна
(p)
Ax!
Ночь ми -
pp
pp
pp
pp
pp

poco riten.
Allegro moderato (♩ = 116)
I solo
Ob.
mp
Cor.
p
III
p
T.
(садится у окна)
-ну-ла, про-сну-лось всё, и сол-ныш-ко вста-ет.
V-ni I
V-ni II
V-le
Vc.
dim.
pp
Татьяна
Пас-
pizz.
p
20

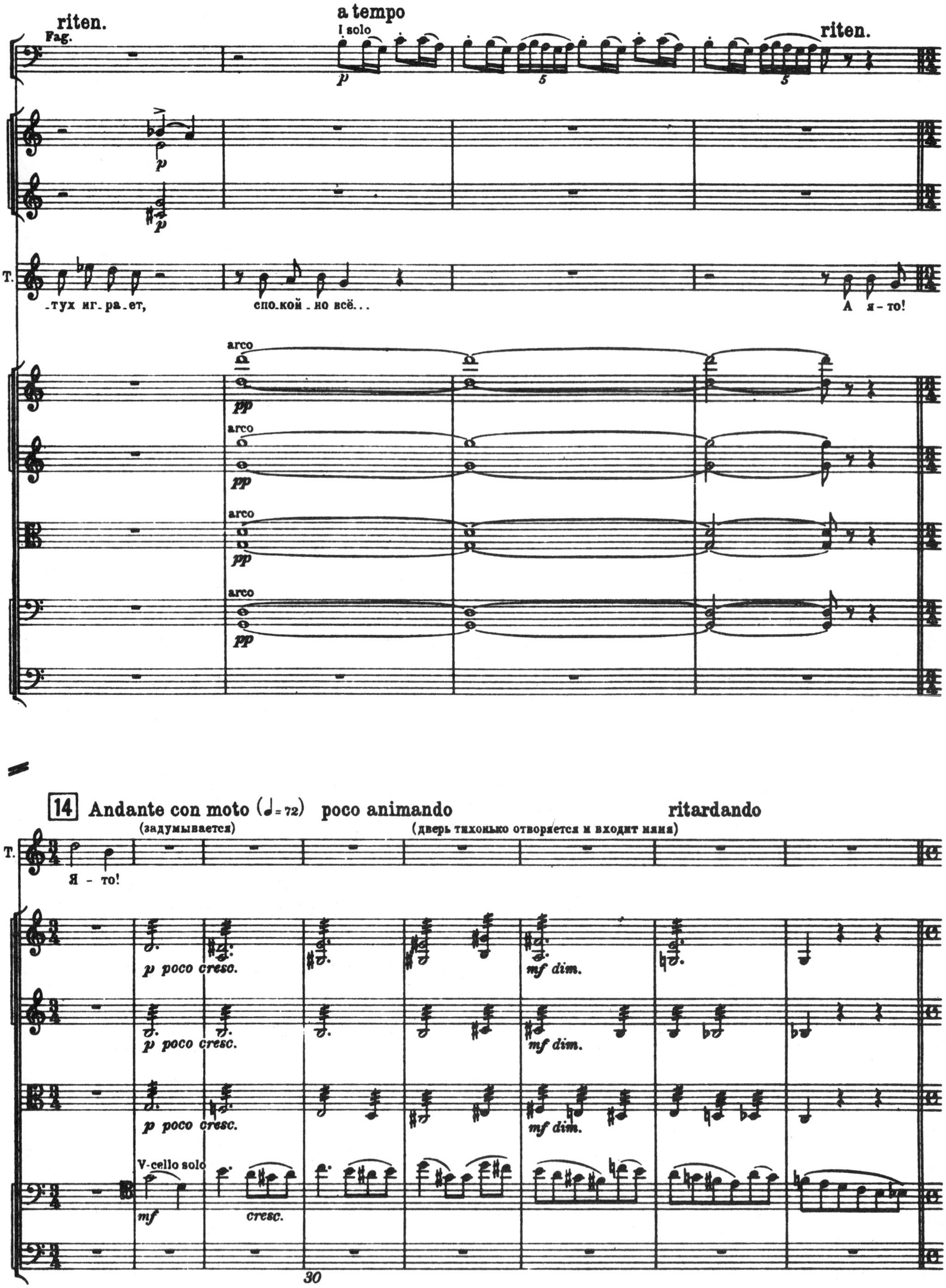

riten.
Fag.
a tempo
I solo
p
riten.
p
p
T.
-тух иг-ра-ет, спо-кой-но всё... А я-то!
arco
pp
arco
pp
arco
pp
arco
pp

Moderato (♩ = 96)
Fl.
Ob.
Cl.
Fag.
Няня
(еще не замечая Татьяны)
По - ра, ди - тя мо - е!
(увидев Татьяну)
Вста - вай!
pizz.
Vc. tutti
Fl. I
Fl. II
Ob.
Cl.
Fag.
Н.
Да ты, кра - са - ви - ца, го - то - ва!
О пта - шка ран - ня - я мо - я!
Ве - чор уж
arco
40

Fl.
Ob.
H.
как бо-я-лась я...
Ну, сла-ва бо-гу, ты, ди-тя, здо-ро-ва!
Тос-ки ноч-ной и
un poco più mosso
Татьяна (Татьяна отходит от окна и берет письмо)
Ах!
сле-ду нет,
ли-цо тво-е, как ма-ков цвет!
50

15
Allegro moderato (♩= 112)
T.
Ня - ня, сде - лай о - дол - же - нье...
Н.
Из - воль, ро - дна - я, при - ка -
- жи!
Fl.
I
p
Ob.
I
p
Не ду - май... пра - во... по - до - зре - нье... но
poco cresc.
60

I
I
Т.
ви - дишь...
ах, не от - ка - жи!
Н.
Мой друг, вот
dim.
dim.
dim.
dim.
dim.
Fag.
p
Cor. I. II
Т.
и
Н.
бог те - бе по - ру - кой.
cresc.
cresc.
70

16 Poco meno mosso (♩ = 96)
Т.
так, по - шли ти - хонь - ко вну - ка с за - пис - кой э - той к О... кто -
mf pp
mf pp
mf pp
mf pp
mf pp
Т.
- му... к со - се - ду, да ве - ли е - му, чтоб он не го - во - рил ни
80
Т.
сло - ва, чтоб он, чтоб он не на - зы - вал ме - ня.
Няня
Ко -

Н.
-му же, ми-ла-я мо-я? Я нын-че
pp
ста-ла бес-тол-ко-ва! Кру-гом со-се-дей мно-го есть, ку-
90
Fl.
I
p
-да мне их и пе-ре-честь! Ко-му же, — ко-му же, ты тол-ком го-во-

Татьяна (нетерпеливо)
Как не - до - гад - ли - ва ты, ня - ня!
Н.
- ри!
Сер - деч - ный друг, уж я ста -
pp
100
Fl.
Ob.
I
p
- ра, ста - ра, ту - пе - ет раз - ум, Та - ня;

I
I
Н.
а то, бы - ва - ло, я вост - ра.
Бы -
110
17
Fl.
Ob.
Fag.
Cor.
III
Татьяна
Ах, ня - ня, ня - ня, до то - го ли? Что
Н.
- ва - ло, бы - ва - ло, мне сло - во бар - ской во - ли....

T.
ну - жды мне в тво - ем у - ме? Ты ви - дишь, ня - ня, де - ло о пись -
120
T.
- ме! Что нуж - - ды, ня - ня, мне в тво -
Няня
Ну, де - ло, де - ло, де - ло... Не гне - вай - ся, ду - ша мо - я, ты
T.
- ем у - ме? К О - не - ги - ну, к О - не - ги - ну спись - мом, к О -
H.
зна - ешь: не - по - нят - на я. Ну, де - ло, де - ло! я по - ня - ла!
cresc.
f
130

Poco più mosso (♩= 112)
Ob.
Cl.
T.
H.
-не - ги - ну по - шли ты вну - ка, ня - ня!
Ну, ну, не гне.вай.ся, ду - ша мо - я, ты зна.ешь: не - по - нят - на я! Да что ж ты сно.ва по.блед -
140
Cor.
I. II
p marc.
- не - ла?
Так, ня - ня, пра.во, ни.че - го! По - шли же вну - ка сво - е -
pizz.

Ob.
Cl.
Fag.
(Няня, взяв письмо, стоит все еще в недоумении. Таня делает ей знак, чтоб она уходила. Няня уходит, у дверей останавливается, задумывается, снова возвращается. Наконец, дает почувствовать, что она поняла и уходит. Татьяна садится к столу и, облокотившись, снова погружается в раздумье)
T.
-го!
150
Fag.
II

Cl.
Fag.
18 Andantino con moto (♩ = 80)
a 2
p
cresc.
sf
p cresc.
II
poco
a
pp
160
Fl.
mf cresc.
Cor.
IV
mf
arco
170

poco stringendo
Moderato mosso (𝅗𝅥 = 104)
Fl.
Ob.
Cl.
Fag.
Cor.
Tr-be
Tr-ni
ff
Занавес
poco stringendo
Moderato mosso (𝅗𝅥 = 104)

a2
ff
a2
p dim.
pizz.
p
ppp
180

КАРТИНА ТРЕТЬЯ

11. Хор девушек

Театр представляет другое место сада при усадьбе Лариных. Густые кусты сирени и акации, ветхая скамейка, запущенные клумбы и т. д. Сенные девушки, собирающие ягоды, мелькают в кустах.

Fl.
I
Cl.
I
Fag.
I
Cor.
V-ni I
V-le
Vc.
Cb.
10
Cl.
Fag.
IV
Занавес
(Хор на заднем плане сцены. в кустах)
20

Ob. I
Cl.
Хор
Сопр.
Де - ви.цы,кра - са - ви.цы, ду.шень - ки,по - дру - жень.ки! Раз - ы.грай.тесь, де - ви.цы,
Альты
V-le
Vc.
Cb.
30
Fl.
Ob.
Cl.
Fag.
Cor.
IV
раз - гу - ляй.тесь, ми - лы.е! За - тя.ни.те пе - сен - ку, пе.сен.ку за - вет - ну.ю,
Пес - ню за - тя.ни.те, пе.сен.ку за - вет - ну.ю,
pizz.
pizz.

за. .ма.ни.те мо. лод. ца к хо.ро.во. ду на. .ше.му! Как за.ма.ним мо. .лод.ца,
мо.лод. ца за. .ма.ни.те к хо.ро.во. ду на. .ше.му!
40

III
как за - ви - дим
из - - - да - ли,
раз - бе - жим - тесь,
ми - лы - е,
за - ки - да - ем ви - шень.
pizz.
arco
pizz.
arco

Fl. I
mf
Fl. II
mf
Ob. I
mf
Cl.
Fag.
19
mf
mf
-ем,
ви-шень-ем, ма-ли-но-ю,
кра-сно-ю смо-ро-ди-ной!
19
mf
mf

Cl.
I
Cor.
III
Не хо-ди под-слу-ши-вать пе-сен-ки за-вет-ны-е, не хо-ди под-сма-три-вать иг-ры на-ши де-ви-чьи!
arco
arco
dim.
pizz.
pizz.
pizz.
pizz.
pizz.
p
60

Fl.
a 2
Ob. I
Cl.
Де - - ви-цы кра - са - - - ви-цы, ду - шень - ки по - дру - - - жень-ки,
arco
раз - - ы-грай-тесь, де - - ви-цы, раз - гу - ляй-тесь, ми - - - лы-е!
70

Fl. I
Fl. II
Ob.
Cl.
Fag.
Cor.
IV
За - тя.ни.те пе - сен - ку, пе.сен.ку за - вет - ну.ю, за - ма.ни.те
Пес - - ню за - тя.ни.те, пе.сен.ку за - вет - ну.ю, мо - лод - ца
pizz.
arco

20
I
II
a2
I
mp
pp
p
мо - лод - ца
к хо. ро. во - ду
на - ше. му!
Как за. ма - ним
мо - лод. ца,
как за. ви - дим
за - ма. ни. те
к хо. ро. во - ду
на - ше. му!
20
pizz.
(pizz.)
80

a 2
mp
p
pp
I
из - да - ли,
раз.бе.жим - тесь,
ми - лы - е,
за.ки.да - ем
ви - шень - ем!
Не хо.ди под -
arco
pizz.

mp
a2
I
pp
p
arco
-слу - ши - вать
пе-сен-ки
за -
вет - ны - е,
не хо-ди
под - сма - три-вать
иг-ры на - ши
де - ви - чьи!
90

riten.
muta in B
Не хо.ди под - слу - ши.вать, не хо.ди под - сма - три.вать иг - ры на.ши де - ви - чьи!
riten.
pizz.
pizz.
pizz.
100

12. Сцена и ария Онегина

Fl.
Ob.
Cl.
Fag.
a 2
Cor.
ff

meno mosso
colla parte
Fl.
Ob.
Cl.
Fag.
a 2
Cor.
Татьяна
ad libit.
Здесь он, здесь Ев - ге.ний! О бо.же, о бо.же! что по.ду.мал он!
10
molto riten.
21
Adagio (♩= 54)
Ob.
Cl.
Fag.
Cor.
T.
Что ска.жет он?
Ах, для че.го, сте.
pizz.
pizz.

Ob.
I
p espress.
Fag.
I
p
Cor. I
T.
-нань-ю вияв ду-ши боль-ной,
не в си-лах со-вла-дать с со-бой,
е-му пись-мо я на-пи-са-ла!
mf
arco
Più mosso (𝅗𝅥 = 66)
Fl.
I
mf
Ob.
mf
mf
T.
Да! серд-це мне те-перь ска-за-ло,
что на-сме-ет-ся на-до мной
мой со-блаз-ни-тель ро-ко-вой!
f
p
f
mf
20

Cor. I
riten.
a tempo
T.
О бо - же мой! как я нес-част-на, как я жал - ка!
Moderato (♩= 100)
Fl. I
Fl. II
Ob.
Cl.
T.
Ша-ги... все бли-же... да, э-то он, э-то он!
30

Fl. I
Fl. II
Ob.
Cl.
22
Andante non tanto (♩ = 80)
largamente
(Входит Онегин. Таня вскакивает; Онегин подходит к ней. Она опускает голову на грудь)
Онегин (с достоинством, покойно и несколько холодно)
Вы мне пи.са.ли, не от.пи.рай.тесь. Я про.
40

Он.
чел ду.ши до.вер.чи.вой при.зна.нья, люб.ви не.вин.ной из.ли.янь.я; мне ва.ша
p
Cl.
I
(p)
Он.
ис.крен.ность ми.ла! О.на в вол.нень.е при.ве.ла дав.но у.молк.нув.ши.е чув.ства. Но вас хва.
p
Он.
.лить я не хо.чу; я за не.е вам от.пла.чу при.зна.ньем так.же без ис.кус.ства.
mf
50

Татьяна
О бо - же! как о -
Он.
При - ми - те ж ис - по - ведь мо - ю, се - бя на суд вам от - да - ю!
Ob.
Cl.
Fag.
a2
Cor. I. II
riten.
Т.
(опускается на скамью)
- бид - но и как боль - но!

Andante non troppo (♩ = 80)
Fl.
I
p
Ob.
I
p
Cl.
pp
Fag. I
pp
Онегин
Ко-гда бы жизнь до-маш-ним кру - гом
я о-гра-ни-чить за-хо-тел,
V-ni I
p
V-le
p
Vc.
p
Cb.
Он.
ког-да б мне быть от-цом, суп-ру - гом
при-ят-ный жре-бий по-ве-лел,

I solo
Cor.
Он.
то, вер.но б, кро.ме вас од.ной, не . ве . . сты не ис.кал и.ной.
Он.
Но я не соз.дан для бла.жен.ства, е . му чуж.да ду.ша мо . я, на прас.ны ва.ши со.вер.шен . ства,
70

23
Он.
их не дос-то-ин во все я. По-верь - те, со-весть-втом по ру-кой, су- -пру-же-ство нам бу-дет
V-ni I
V-le
Vc.
Cb.
Cl.
Fag.
Cor. I.II
Он.
му - кой. Я сколь-ко ни лю-бил бы вас, при-вык-нув, раз-люб-лю тот
pizz.

Cl.
Fag.
Cor.
III
Он.
-час. Су - ди-те ж вы, ка-ки - е ро-зы нам за-го-то-вит Ги-ме-
80
riten.
Fl.
Ob.
Cl.
Fag.
I
Он.
-ней и, мо-жет быть, на мно - го дней!
arco

24 Più mosso (♩= 100)
Cor. I
(с увлечением)
Он.
Меч-там и го-дам нет воз-вра - та, ах, нет воз-вра - та, не об-нов-
pizz.
pizz.
pizz.
pizz.
Cor.
I
-лю ду-ши мо-ей! Я вас люб-лю лю-бовь-ю бра - та, лю-бовь-ю

Fag.
Cor.
I
II
mf
Oн.
бра - та, иль, мо. жет быть, е. ще силь. ней! Иль, мо. жет быть, иль, мо. жет быть,
pizz.
f
Tempo I
Cl.
е. ще, е. ще неж. ней! По. слу. шай те ж ме. ня без гне. ва: сме.
arco

molto riten.
Fl. I
Fl. II
Ob.
Cl.
Fag. I
Cor.
Он.
-нит не раз мла-да- - -я де - ва меч - та - ми, меч-та - ми лег - ки-е меч-
molto riten.
100

Andante non tanto
p
I
a 2
pp
(Ω)
Он.
- ты!
Andante non tanto
arco
pizz.

25 Tempo del Coro (Moderato con moto) (♩ = 112)
Он.
У - чи - тесь власт - во - вать со - - - бой. Не
Хор
Сопрано
Альты
Хор за сценой, никого не видно
Де - - ви - цы, кра -
25 Tempo del Coro (Moderato con moto) (♩ = 112)
arco
arco
110

pp
pp
Он.
вся . кий вас, как я, пой - мет, к бе . де не - о . пыт . ность ве . дет!
- са - - ви . цы, ду - шень - ки по - дру жень . ки! Раз ыг . рай . тесь, де - - ви . цы,

(Онегин подаёт руку Татьяне. Она долго смотрит на него умоляющим взглядом, потом машинально встает и, опираясь на его руку, тихо уходит)
(Хор, постепенно удаляясь)
раз - гу - ляй-тесь, ми - лы-е.
Как за-ма-ним мо - лод - ца, как за-ви - дим из - да - ли,
pp
a2
pizz.
120

I
pp
pp
I
pp
I
pp
pp
I
pp
pp
раз.бе.жим - тесь, ми - лы - е, за-ки-да - ем ви-шень - ем! Не хо-ди под - слу - ши-вать, не хо-ди под -
ppp
ppp
ppp
arco
ppp
arco
ppp
130

pp
pp
pp
pp
pp
Занавес
-сма-три-вать иг-ры на-ши де - ви - чьи!
pizz.
pp
pizz.
pp
pizz.
pp
pizz.
pp
pizz.

ДЕЙСТВИЕ ВТОРОЕ

КАРТИНА ПЕРВАЯ

13. Антракт и вальс со сценой и хором

Театр представляет освещенную залу в доме Лариных. Посредине люстра, по бокам кенкеты с зажженными сальными свечами. Гости в бальных нарядах весьма старомодного фасона, и среди них военные в мундирах двадцатых годов танцуют вальс. Старики сидят группами, любуясь на танцы. Маменьки с ридикюлями занимают стулья, уставленные вдоль стен. Онегин с Татьяной, Ленский с Ольгой принимают участие в танцах. Ларина беспрестанно проходит по сцене с озабоченным видом хозяйки.

poco animando
Poco più mosso (♩ = 84)
Fl.
Cl.
I
cresc.
Fag.
cresc.
cresc.
cresc.
cresc.
espr.
cresc.
pizz.
cresc.
Fl.
Cl.
a2
Fag.
a2
I
Cor.
III
10

riten.
Tempo I
stringendo poco a poco
Picc.
Fl.
a2
p poco a poco cresc.
Ob.
Cl.
p poco a poco cresc.
Fag.
a2
p poco a poco cresc.
a2
p poco a poco cresc.
Cor.
p poco a poco cresc.
Tr-be
Tr-ni
Timp.
riten.
Tempo I
stringendo poco a poco
sf
p poco a poco cresc.
sf
p poco a poco cresc.
mf poco a poco cresc.
mf poco a poco cresc.
p poco a poco cresc.

1 Moderato mosso (♩ = 100)
a2
a2
mf cresc.
p mf
p mf
1 Moderato mosso (♩ = 100)
20

Tempo I (♩ = 76)
Fl.
Ob.
Cl.
Fag.
Cor.
p dolce
p
p dolce
pp
Timp.
Tempo di Valse (♩. = 80)
pp poco a poco cresc.
pizz.
30

Picc.
Fl.
Ob.
I
p poco a poco cresc.
Cl.
p poco a poco cresc.
Fag.
I
p poco a poco cresc.
Cor.
p poco a poco cresc.
p poco a poco cresc.
Tr-be
Tr-ni
Timp.
cre - - - scen - - - - do
p poco a poco cresc.
p poco a poco cresc.
p poco a poco cresc.
p poco a poco cresc.
p poco a poco cresc.
40

sempre cresc.
sempre cresc.
sempre cresc.
sempre cresc.
sempre cresc.
50

2
ff
f
a2
2
arco
60

a2
a2
a2
ff
a2
ff
I
ff
ff
fff
Занавес
ff
ff
ff
ff
ff
ff
ff
70

a2
a2
a2
a2
ff
ff
ff
ff
ff
mf
f
f
f
f
f
80

90

3
a 2
Хор
Сопрано
Альты
Вот так сюр. приз, ни - как не о - жи - да - ли
Тенора
Басы
100

a2
Дав -
во - ен - - ной му - зы - ки. Ве - се - лье хоть ку - да!

4
a2
-но уж нас так не у-го-ща-ли!
Дав-но уж нас так не у-го-ща-ли!
На
ff
4
110

1.
a2
a2
I
a2
Дав
сла - ву пир, не прав - - да ль, го-спо да?
На сла - ву пир, не прав - - да ль, го-спо - да?
1.
120

2.
a2
- да! Бра - во, бра - во, бра - во, бра - во, вот так сюр - приз нам, бра - во,
- да! Уж дав - но нас так не у - го - ща - ли!
2.

бра - во, бра - во, бра - во, бра - во, слав - ный сюр - приз для нас!
Пир на сла - ву, не прав - да ль, гос - по - да?

5
Пожилые помещики
Басы
В на - ших по - месть-ях не - час-то встре-ча - ем
Толь - ко о - хо-той се - бя раз-вле - ка - ем,
5
150

ба - ла ве - се - ло - го ра - дост - ный блеск.
люб нам о - хот - ни - чий го - мон и треск.
ff
mf

Fl.
a2
Хор. Маменьки
Альты
Да, уж ве - се - - - лье, день це - - - лый ле - та - - - ют по
160
Picc.
Fl.
Ob.
Cl.
Fag.
Cor.
деб - рям, по - ля - нам, бо - ло - там, кус - там!
У - ста -
170

I
mf
-нут, за ля - - - гут и все от ды ха - - - ют, и вот раз-вле-

6
a2
ff
mf
I
p
Timp.
(Молодые девицы пристают к ротному)
Сопрано
Ах, Три-фон Пет - ро-вич, как
-че-нье для бед-ных всех дам!
для бед - ных всех дам!
p dolce
pizz.
190

Fl.
Ob.
Cor. III. IV a 2
Ротный
Пол - но-те-с... Я сам о - чень
ми - лы вы, пра - во, мы так бла - го - дар - ны вам...
V-ni I
V-ni II
Vc.
Cb.
Fl.
Ob.
Fag.
p
P.
счаст - лив! Я то - же на - ме - рен, на - чнем - те жпля - сать!
(mf)
По - пля - шем на сла - ву мы!
arco
arco
f
200

(Онегин танцует с Татьяной. В это время другие танцующие приостанавливаются и все наблюдают за танцующей парой)
V-ni I
V-ni II
V-le
Vc.
Cb.
p
pp
210
Хор. Маменьки
Альты
Глянь-те-ка! Глянь-те-ка! тан-
220
-цу-ют пи-жо-ны. Да-вно уж по-ра бы... ну, же-ни-шок! Как жал-ко Та-ню-шу! Возь-
230

а 2
ff
cresc.
p
mf
-мет е - е в же-ны и бу-дет ти - ра - нить!
Он, слы-шно, иг - рок!
240

7
a2
a2
a2
a2
(Онегин тихо проходит мимо маменек, стараясь прислушаться к их разговору)
7

a 2
a 2
I
a 2
I. II unis. Он не - уч страш - ный, су - ма -
260

Picc.
Fl.
Cl. a 2
Cor. III. IV
-сбро-дит, он да-мам к руч-ке не под-хо-дит, он фар-ма-зон, он пьет од-но ста-
270
Онегин
(mp)
И вот вам мне-нье! На-слу-шал-ся
-ка-ном крас-но-е ви-но!
p
p dolce

Fl.
Cl.
Он.
до - воль - но я раз-ных спле - тен мерз - ких!
По - де - лом мне все э - то!
280
За - чем при - е - хал я на э - тот глу - пый бал? За - чем?...
Я не - про - щу Вла -
poco cresc.
poco cresc.
poco cresc.
p dolce poco cresc.
p poco cresc.
290

Fl.
Ob.
Cl.
Fag.
(В это время Ольга проходит мимо, за нею идет Ленский)
Он.
_ди_ми_ру у_слу_гу э_ту! Бу_ду у_ха_жи_вать за Оль_гой, взбе_шу е_го по_ряд_ком! Вот о_на!...
300
Ленский
(mp)
Вы о_бе_ща_ли мне те_перь!
(Ольга в недоумении)
(Онегин с Ольгой танцуют)
Он.
Про_шу вас!
О_шиб_ся, вер_но, ты!
pizz.
p espress.
310

Fl.
Cl.
Л.
(mp)
Ах! что та-ко-е!...
arco
pizz.
arco
p
p
mf
pp
(p)
320
Fl.
Ob.
Cl.
Fag.
Cor. I. II
Л.
Гла-зам не ве-рю! Оль-га! Бо-же, что со мной...
pizz.
arco
f
mp
330

8
Fl.
Ob.
Cl.
Fag. a 2
Cor.
Tr-be
Tr-ni
Timp.
Хор
Сопрано
Альты
Тенора
Басы
poco a poco cresc.
Пир на сла-ву!
Вот так сюр-приз,
Пир на
pizz.
340

sempre cresc.
вот так сюр - приз,
вот так у - го - ще - нье!
Ве -
сла - ву!
Вот так у - го - ще - нье!
Ве - се - лье хоть ку -
350

I
I
f
f
f
f
f
f
-се - лье хоть ку - да!...
Пир
-да! Ве - се - лье хоть ку - да!...

Picc.
Fl.
Ob.
Cl.
Fag.
a2
на
сла.ву!
Вот
arco
360

a2
a2
a2
так сюр - приз!
Ни - как не о - жи - да - ли во - ен - ной
370

9
a2
a2
му - зы - ки! Ве - селье хоть ку - да! Бра - во, бра - во, бра - во,
Уж дав - но
9
380

a 2
a 2
бра - во! вот так сюр - приз нам, бра - во, бра - во, бра - во, бра - во, бра - во,
нас так не у - го - ща - ли. Пир на сла - ву! Не
390

400

a 2
Да! Во - ен - ной му - зы - ки ни - как не о - жи - да - ли мы!

Ве - се
Пир
на
сла.ву!
на
сла.ву!
на
сла.ву!
Ве - се - лье!
Ве - се -
Ве - се

-лье, ве - се-лье!
да, ве - се - лье
-лье, ве - се-лье!
хоть ку - да!
Пир на сла-ву!
Пир на сла-ву!
-лье, ве - се - лье
430

fff
a 2

440

14. Сцена и куплеты Трике

Più mosso (♩= 112)
Cl.
Cor.
Ольга
Не по_ни_ма_ю, чем ви_но_ва_та я!
Л.
Оль_га, как жес _ то_ки вы со мной! Что сде_лал я?
Все э_кос_се_зы, все валь_сы с О_не_ги_ным вы тан_це_ва_ли. Я при_гла_шал вас,
10

Ob.
Cl.
Fag.
О.
Вла - ди - мир, э - то стран - но! Из пу - стя - ков ты сер - дишь - ся.
Л.
но был от - верг - нут!
poco meno mosso
Как! Из-за пу - стя - ков? У - же - ли рав - но - душ - но я ви - деть мог, ког - да сме - я - лась ты, ко -
20

Л.
-кет-ни-ча-я с ним! Кте - бе он на-кло-нял-ся и ру - ку жал те-бе. Я
sf
f
10 Moderato (♩=100)
Fl.
Ob.
Cl.
Fag.
Cor. I. II
p
I
О.
Все э-то пу-стя - ки и бред, рев-ну-ешь ты на-прас - но,
Л.
ви - дел все!
pizz.

riten.
O.
мы так бол - та - ли с ним, он о - чень мил!
Л.
Да - же
arco
11 Molto meno mosso, Andante (♩=76)
Cl.
Fag.
Cor. I. II
O.
Ка - кой ты стран - ный!
Л.
мил! Ах, Оль - га, ты ме - ня не лю - бишь!
pizz.

Cor. I. II
Л.
Ты ме-ня не лю-бишь!
Ко-тиль-он со мной тан-пу-ешь ты?
Онегин
(Подходит Онегин)
Нет, со
мной! Не прав-да ль, сло-во вы мне да-ли?
И сдер-жу я сло-во! Вот вам на-ка-за-нье за
Он.
arco
sf
p

Fl. I
Fl. II
Ob.
Cl.
Fag.
Cor.
I
(В глубине сцены показывается Трике, окруженный барышнями)
О.
рев.ность ва.шу!
Ни за что! Гля.ди.те.ка, все ба.рыш.ни и.дут сю.да с Три.ке.
Л.
Оль - га!
Он.
50

Allegro moderato (♩= 112)
p
I
mf
O.
фран - цуз, жи - вет у Хар - ли - ко - ва!
(p)
Он.
Кто он?
Хор девиц
Сопр.
(mf)
Mon-sieur Tri-quet,
Mon-sieur Tri-quet,
Альты
Allegro moderato (♩= 112)
pizz.
mf

Moderato (♩= 100)
Трике
(mp)
Ку - плет и - ме - ет я с со - бой.
Но
chan-tez de grâce
un coup-let.
sf
Moderato (♩= 100)
arco
mf

Tr.
где, ска-жи-те, Mademoiselle! Он дол-жен быть пе-ре-до мной!
Car мой ку-плет для и-ме-
Car le coup-let est fait pour
(Таню ставят посредине круга, образуемого всеми гостями. Трике поет следующие куплеты, обращаясь к ней. Она конфузится и хочет уйти, но ее удерживают)
60
Fl.
Cl.
Fag.
a2
-нин!
elle.
(f)
A-ha!
Voi-la ца-ри-ца э-тот
(mf)
Вот о-на! Вот о-на!
mf
f
fp

riten.
Tp.
день!
Mes.dames! Я бу.ду на.чи.найт!
Про.шу те.перь мне не ме.шайт!
ff
70
12
Fl. Andantino (♩=88)
Cl.
p

Fl.
Cl.
Tr.
(с большим выражением) (p)
1. Ка-кой пре-красный э-тот день, ког-да в сей де-ре-вен-ский сень
2. Же-ла-ем мно-го быть счаст-лив, быть веч-но фе-я de ces rives,
1. A cet-te fê-te con-vi-és, de celle dont le jour est fê-té
2. Que le sort com-ble ses dé-sirs, que la joie les jeux, les plai-sirs,
p
80
Fl.
Cl.
Fag.
Tr.
про-сы-пал-ся belle Ta-ti-a-na! И ми при-е-ка-ли сю-да, де-виц и
ни-ког-да не быть ску-чна, бо-льна! И пусть сре-ди сво-их bon-heurs не за-бы-
con-tem-plons le charme et la beau-té. Son as-pect doux et en-chan-teur ré-pand sur
fi-xent sur ses lè-vres le sou-rir! Que sur le ciel de ce pa-ys, é-toile qui
pizz.
90

Fl.
Fag.
Cor.
meno mosso
III
Tr.
дам и го.спо.да, по.смо.треть,как рас.цве.тайт о - на!
.вайт свой ser-vi-teur, и все сво - и по.друг о - на! Вы ро - за, вы ро - за, вы
nous tous sa lu-eur, de la voir quel plai-sir, quel bon-heur! Bril-lez, bril-lez, tou-
tou-jours brille et luit, elle e-clai-re nos jours et nos nuits.
pizz.
simile
Fl.
Ob.
Cl.
Cor. I.II
Tr.
po - za,belle Ta-ti - a - na! Вы ро - за, вы ро - за, вы ро - за belle Ta-ti - a - na!
.jours bel-le Ta-ti - a - na! Bril-lez, bril-lez, tou.jours bel-le Ta-ti - a - na!
cresc.
mf
100

poco più mosso
Fl. I
Fl. II
Ob.
Cl.
Fag.
Cor.
III
a2
Сопр.
Альты
Тен.
Басы
(Трике кланяется и благодарит)
Бра - во!
Бра - во!
Бра - во! Мо - сьё Три - ке!
poco più mosso
arco

III
(Кончив куплет, Трике подносит его, становясь на колени, конфузящейся Татьяне)
Ку-плет ваш пре-вос - хо - ден и о - чень, о - чень ми - ло спет!
Ку-плет ваш пре-вос - хо - ден и о - чень, о - чень ми - ло спет!

110

15. Мазурка и сцена

a 2
a 2
(Ротный подает руку Тане и пускается в пляс. Танцующие гости рассаживаются парами. Онегин садится с Ольгой ближе к рампе. Ленский стоит в задумчивости позади них)
P.
-час нач.нет.ся ко.тиль.-он!
По.-жа.-луй.те!
10

a 2
20

13
3
a 2
13

a 2
ff
30

a 2
40

14
a 2
14
50

a 2

15
a 2
a 2
ff
15
60

3
70

16 Molto meno mosso (♩= 144)
a 2
pp
(Онегин, протанцовавши тур с Ольгой, усаживает свою даму, потом, делая вид, что только что заметил Ленского, обращается к нему)
16 Molto meno mosso (♩= 144)
pp
pp
pp
pp
pp

Cl.
I
pp
Fag.
Онегин (p)
Ты не тан - цу - ешь, Лен - ский? Чайльд Га - роль - дом сто - ишь ка - ким - то! Что с то - бой?
80
Cor. I. II.
pp
cresc.
Ленский (p)
Со мной? Ни - че - го. Лю - бу - юсь я то - бой, ка - кой ты
90

Л.
друг пре-крас-ный!
Онегин
Ка-ко-во? - Не о-жи-дал при-зна-нья я та-ко-го!
(Сначала Ленский отвечает спокойно, но мало-по-малу переходит к озлобленному и раздраженному тону)
Я ду-юсь? О, ни-ма-ло! Лю-бу-юсь я, как
Он.
За что ты ду-ешь-ся?
pp
p
100

17
Ob.
Cl.
Fag.
Cor. I.II
Л.
слов сво-их иг-рой и свет-ской бол-то-вней ты кру-жишь го-ло-вы и
cresc.
pp
p
Cor.
p marcato
III
де-во-чек сму-ща-ешь по-кой ду-шев-ный!
Вид-но для те-бя од-ной Та-тья-ны
(Гости мало-по-малу прекращают танцы, прислушива.
110

Fl. I
Fl. II
Ob.
Cl.
Fag.
a2
Cor.
Tr-be
Tr-ni
Л.
ма - ло, из люб - ви ко мне - ты вер - но, хо - чешь Оль - гу по - гу - бить, сму - тить е - е по - кой, а там ме -
-ясь к разговору Ленского с Онегиным)
pizz.
120

Fl.
Cl.
Fag.
Cor.
(с усмешкой)
Л.
-ять - ся над не-ю же! Ах! как чест но э - то!
Онегин
Что? Да ты су ма-со-шел!
V-ni I
V-le
Vc.
Cb.
Fl. I
Fl. II
Ob.
p
più f
Л.
Пре-крас - но! Ме-ня ж ты о-скорб-ля-ешь, и ме - ня же ты зо-вешь по - ме-шан-ным!
arco
130

cresc.
f
Л.
(f)
О - не - гин! Вы боль-ше мне не
Хор
Сопрано
(Танцы прекращаются)
(mf)
Что та - ко - е?
Альты
(mf)
В чем там де - ло? Что та - ко - е?
Тенора
(mf)
В чем там де - ло?
Басы (mf)
Что та - ко - е?

Allegro non tanto (♩= 120)
ff
(Гости оставляют свои места и окружают спорящих)
Л.
(f)
друг! Быть бли_зок о ва_ми я не же_ла_ю боль_ше! Я, я пре_зи_ра_ю
Allegro non tanto (♩=120)
I
150

18 Moderato (♩= 100)
Fl.
Ob.
mf
cresc.
cresc.
Cl.
Fag.
p
cresc.
cresc.
Cor.
p
p
Tr-be
mp
Tr-ne III
p
un poco marcato
Timp.
p cresc.
Л.
вас!
Хор
Сопрано
(mf)
Вот не - о - жи - дан - ный сюр -
Альты
(p)
cresc.
(mf)
Вот не - о - жи - дан - ный сюр - приз! Ка - ка - я
Тенора
(p)
cresc.
(mf)
Вот не - о - жи дан ный сюр - приз! Ка - ка - я ссо - ра за - ки -
Басы
(p)
cresc.
(mf)
Вот не - о - жи - дан - ный сюр - приз! Ка ка - я ссо - ра за - ки - пе - ла, и те -
18 Moderato (♩= 100)
mf
mf
p
mf
p
mf
p
mf

a2
cresc.
ff
mf cresc.
Онегин
(отводя Ленского несколько в сторону)
(f)
По.слу.шай, Лен.ский, ты не прав, ты не
.приз! У них по.шло не в шут.ку де.ло!
ссо.ра! У них по.шло не в шут.ку де.ло!
.пе.ла! У них по.шло не в шут.ку де.ло!
.перь у них по.шло не в шут.ку де.ло!
160

Ob.
Cl.
I
Fag.
Он.
прав! До.воль.но нам при.вле.кать вни.ма.нье на.шей ссо.рой! Я не сму.тил е.ще ни.
Più mosso (♩= 120)
Ленский
(все более и более разгорячаясь)
Тог.да за.чем же ты ей
Он.
.чей по.кой и, при.зна.юсь, же.ла.нья не и.ме.ю е.го сму.щать!

Fl.
Ob.
mf
Cl.
mf
Fag.
mf
a 2
mf
Cor.
Tr-be
mf
Tr-ni
Л.
ру - ку жал, шеп - тал ей что - то? Крас - не - ла, сме - ясь, о - на!
mf
mf
mf
mf
170
mf

Tempo I (♩ = 100)
a2
Л.
(вне себя)
Что, что ты го - во - рил ей?...
Что за
Онегин
По - слу - шай, э - то глу - по, нас ок - ру - жа - ют!
Tempo I (♩ = 100)

19 Moderato assai (♩ = 88)
Л.
де - ло мне! Я ва-ми о-скорб-лен, и са-тис-фак-ци-и я тре-бу-ю!
Хор
Сопрано
В чем
Альты
В чем де-ло, рас-ска-
Тенора
рас-ска-
Басы
В чем де-ло,
19 Moderato assai (♩ = 88)

a 2
Л.
Про - сто я тре - бу - ю, чтоб гос - по - дин О.
де - ло,
- жи - те, рас - ска - жи - те, что слу - чи - лось?
- жи - те, рас - ска - жи - те, что слу - чи - лось?
colla parte
180

Л.
-не-гин мне объ-яс-нил сво-и по-ступ-ки! Он не же-ла-ет э-то-го, и я про-шу е-го при-

riten.
Ларина (пробираясь через толпу и обращаясь к Ленскому)
(f)
О бо_же! В на_шем до_ме!... По_ща_ди_те, по_ща_ди_те!
Л.
_нять мой вы_зов!
(p)
3
В на_шем
riten.
attacca subito

16. Финал

Recit.
Andante (♪ = 126)
2 Flauti
2 Oboi
2 Clarinetti (A)
2 Fagotti
4 Corni (F)
2 Trombe (F)
3 Tromboni
Timpani
Татьяна
Ольга
Ларина
Ленский
(с большим чувством)
до - ме!... В ва-шем до - ме!... В ва-шем до-ме, как сны зо-ло-ты - е, мо-и
Онегин
Recit.
Andante (♪ = 126)
Violini I
Violini II
Viole
Violoncelli
Contrabassi
pp

Л.
дет.ски.е го.ды тек.ли! В ва.шем до.ме вку.сил я впер.вы.е ра.дость чи.стой и свет.лой люб.ви! Но се.
Л.
.го - дня у.знал я дру - го - - е, я из - ве.дал, что жизнь - не ро.ман, честь-лишь
Онегин
На.е.ди.не с сво.ей ду.шой я не.до.во.лен сам со.бой. Над э.той стра.стью
pp
pp
pp
pizz.
pp
pizz.
pp

Татьяна
un poco animando
По.тря.се.на я, ум не мо - - - жет по.нять Ев.
Л.
звук, друж - ба - сло - во пу - сто - - - е, о - скор - би - тель - ный, жал - кий об - -
Он.
роб - кой, неж - ной я слиш - ком по.шу.тил не.бреж - но. Всем серд - цем
poco a poco cresc.
poco a poco cresc.
poco a poco cresc.
poco a poco cresc.
poco a poco cresc.
10
Т.
- ге - - ни - я, тре - во - - - жит, ме.ня тре.во - жит рев - ни.ва - я тос -
Л.
- ман, да, о - скор - би - тель - ный, жал - кий, да, жал - - - - кий об -
Он.
ю - - но - шу лю - бя, я б дол - жен, я б дол - - - жен по.ка.

20 Un pochettino più mosso (♩. = 138)
Fl.
Ob.
Cl.
Fag.
Cor.
Tr-be
Tr-ni
Timp.
T.
ка! Ах, тер-за-ет мне серд-це тос-ка! Как хо-лод-на-я чья-то ру-
Ольга
Боюсь, что-бы во след ве-се-лью не за-вер-ши-лась ночь ду-
Ларина
Боюсь, что-бы во след ве-се-лью не за-вер-ши-лась ночь ду-
Л.
-ман.
Он.
-зать се-бя не мя-чи-ком пред-рас-суж-де-ний, но му-жем с честь-ю и у-
Хор
Сопрано
Альты
Бед-ный Лен-ский! Бед-ный ю-но-ша!
Тенора
Басы
Бед-ный Лен-ский! Бед-ный ю-но-ша!
20 Un pochettino più mosso (♩. = 138)
V-ni I
V-ni II
V-le
Vc., Cb.
a 2
arco
pizz.

poco riten.
Ob.
Cl.
Fag.
Cor.
Tr-be
Tr-ni
T.
-ка, о-на мне сжа-ла серд-це боль-но так, жес-то- -ко!
О.
-аль- -ю.
Лар.
-аль- -ю.
Л.
Я у
Он.
-мом. Я слиш-ком по-шу-
poco riten.

Tempo I
Fag. I
Л.
-знал здесь, что де-ва кра-со- -ю мо-жет быть, точ-но ан-гел ми-ла и пре-
Он.
-тил не-бреж-но!
arco
simile
(pizz.)
riten.
(с горечью)
-крас-на, как день, но ду-шо- -ю, но ду-шо- -ю, – точ-но де-мон, ко-вар-на и
pizz.
arco

Allegro vivo (𝅗𝅥 = 160)
Fl.
Ob.
Cl.
Fag.
a 2
Cor.
Tr-be
Tr-ni
Timp.
Татьяна
Ах! По - гиб - ла я, да, по - гиб - ла я! Мне серд - це го - во -
Ольга
Ах! Кровь в муж - чи - нах го - ря - ча, о - ни ре - ша - ют все спле - ча, без ссор не мо - гут о - ста -
Ларина
Ах! Мо - ло - дежь так го - ря - ча! О - ни ре - ша - ют все спле - ча, без ссор не мо - гут о - ста -
Л.
ала!
Онегин
На - е - ди - не с сво - ей ду - шой я не - до - во - лен сам со - бой,
Хор
Сопрано
их ссо - ра ду - эль - ю о -
Альты
Тенора
У - же ль те - перь, во - след ве - се - лью их ссо - ра кон - чит -
Басы
У - же ль те - перь, во - след ве - се - лью их ссо - ра кон - чит -
Allegro vivo (𝅗𝅥 = 160)
V-ni I
V-ni II
V-le
Vc., Cb.
a 2
20

a 2
a 2
a 2
Т.
-рит, но ги-бель от не-го лю-без-на, ги-бель от не-го лю-
О.
-вать-ся. Ах, кровь в муж-чи-нах, в муж-чи-нах го-ря-ча, о-ни ре-ша-ют все спле-
Лар.
-вать-ся. Ах, мо-ло-дежь, мо-ло-дежь так го-ря-ча, о-ни ре-ша-ют все спле-
Он.
над э-той страсть-ю роб-кой неж-ной я слиш-ком по-шу-
-кон-чит наш день!
по-
-ся ду-эль-ю? Но мо-ло-дежь так го-ря-ча! О-
-ся ду-эль-ю? Но мо-ло-дежь так го-ря-ча! О-
так го-ря-ча!
a 2

T.
-без-на! По-гиб-ну, по-гиб-ну, мне серд-це ска-за-ло, роп-тать я не
O.
-ча! Ду-ша в нем рев-ность-ю объ-я-та, но я ни в чем не ви-но-
Лар.
-ча, бо-юсь, что-бы во-след ве-сель-ю не за-вер-ши-лась ночь ду-эль-ю, мо-ло-
Он.
-тил не-бреж-но! Всем серд-цем ю-но-шу лю-бя, я б дол-жен по-ка-
-вздо-рят, по-спо-рят, сей-час же де-рут-ся, по-вздо-рят, по-спо-рят, сей-
-ни ре-ша-ют все спле-ча, о- -ни ре-ша-ют
-ни ре-ша-ют все спле-ча, о- -ни ре-ша-ют

a2
a2
Т.
сме - ю, не сме - ю! Ах! за - чем роп - тать, за - чем роп.
О.
- ва - та, ни в чем! Ах! я ни в чем, ни в чем не ви - но.
Лар.
- дежь так го - ря - ча! Да! мо - ло - дежь так го - ря -
Ленский
Ах нет! ты не - вин - на, ан - гел
Он.
- зать се - бя не мя - чи - ком пред - рас - суж - де - ний, не пыл - ким,
- час - же де - рут - ся!
все спле - ча! Ах! мо - ло - дежь так го - ря.
все спле - ча! Ах! мо - ло - дежь так го - ря.
Да, мо - ло - дежь так го - ря - ча, о - ни ре - ша - ют все спле.
a2
30

a2
Т.
-тать! Не мо-жет, не мо-жет он сча-стья мне дать, по-гиб-ну, по-
О.
-ва-та. Муж-чи-ны не мо-гут без ссо-ры о-стать-ся, по-вздо-рят, по-
Лар.
-ча! Без ссо-ры не мо-гут ни ча-су о-стать-ся, по-вздо-рят, по-
Л.
мой, ты не-ви-на, не ви-на, мой ан-гел, он низ-кий, ко-вар-ный, без-
Он.
не пыл-ким ре-бен-ком, но му-жем уж зре-лым, не пыл-ким ре-бен-ком,
-ча! Без ссо-ры не мо-гут ни ча-су о-стать-ся, по-вздо-рят по-
-ча! Без ссо-ры не мо-гут ни ча-су о-стать-ся, по-вздо-рят по-
-ча! Без ссо-ры не мо-гут ни ча-су о-стать-ся, по-вздо-рят, по-спо-рят,

a 2
Timp.
T.
-гиб - ну, мне серд - це ска - за - ло, я зна - ю!
О.
-спо - рят, сей - час же и драть - ся го - то - вы!
Лар.
-спо - рят, сей - час же и драть - ся го. - то - вы!
Л.
-душ - ный пре - да - тель, он бу - дет на - ка - зан!
Он.
но му - жем уж зре - лым, я ви - но - ват!
-спо - рят, сей - час же и драть - ся го - то - вы!
-спо - рят, сей - час же и драть - ся го - то - вы!
сей - час же и драть - ся о - ни го - то - вы!
a 2

a 2
Т.
Ах! по.гиб . ну я, да, по.гиб . ну я! По.гиб.ну, по.
О.
Ах! кровь в муж.чи.нах го.ря . ча, о . ни ре.ша.ют все спле . ча. Ду . ша в нем
Лар.
Ах! мо . ло.дежь так го.ря . ча! О . ни ре.ша.ют все спле . ча! Бо.юсь, что . бы во.
Он.
На . е . ди.не с сво . ей ду . шой я не до . во . лен сам со.бой!
ссо.ра ду.эль.ю о.
У.жель те.перь во.след ве.се . лью их ссо . ра кон . чит.
У.жель те.перь во.след ве.се . лью их ссо . ра кон . чит.

a2
T.
- гиб - ну — мне серд - це ска - за - ло, роп - тать я не сме - ю, не сме - ю!
O.
рев - но - стью объ - я - та, но я ни в чём не ви - но - ва - та, ни в чём!
Пар.
- след ве - се - лью не за - вер - ши - лась ночь ду - элью, мо - ло - дежь так го - ря - ча!
Он.
Но де - лать не - че - го, те - перь я дол - жен от - ве - чать на о - скорб - ле - нья!
- кон - чит наш день, их ссо - ра ду - эль - ю о - кон - чит наш день!
- ся ду - э - лью, их ссо - ра кон - чит - ся ду - эль - ю?
- ся ду - э - лью, их ссо - ра кон - чит - ся ду - эль - ю?
40

21
Meno mosso (♩ = 120)
Fl.
Ob.
Cl.
a 2
Он.
К у.слу.гам ва.шим я. До.воль.но! Вы.слу.шал я вас, без.ум.ны вы,
Ленский
И.так до за.втра, по.
без.ум.ны вы! И вам у.рок по.слу.жит к ис.прав.ле.нью!
50

Л.
-смо-трим, кто ко-го про - у - чит! Пус-кай без-у-мец я, но вы, вы бес-
V-ni I
V-ni II
V-le
Vc., Cb.
Tempo I (𝅗𝅥=160)
a 2
Fl.
Ob.
Cl.
a 2
Fag.
Cor.
Tr-be
Tr-ni
Timp.
Л.
-чест-ный со-блаз-ни-тель!
(Ларина, Ольга, часть гостей удерживают Ленского. Татьяна плачет. Онегин бросается к Ленскому. Их разнимают. Онегин отходит в сторону, отвернувшись от Ленского)
Онегин
За-мол - чи - те, иль я у - бью вас!
60

22
a2
Что за скан.дал! Мы не до.пус - тим ду - э.ли меж ни.ми, кро - ва.вой рас.пра.вы, их
Что за скан.дал! Мы не до.пус - тим ду - э.ли меж ни.ми, кро - ва.вой рас.пра.вы, их
22

a 2
про.сто от.сю.да не пус.тим! Дер.жи.те, дер . жи.те, дер.жи.те! Да, их про . сто
про.сто от . сю.да не пус.тим! Дер.жи.те, дер . жи.те, дер.жи.те! Да, их про . сто

Ольга
(f)
Вла - ди - мир, ус - по - кой - ся,
из до - му не пус - тим, не пус - тим!
из до - му не пус - тим, не пус - тим!
mf
70

23
a2
Он.
у. мо. ля . ю!
Ленский
(f)
Ах! Оль . га! Оль . га! про. щай на . век.
(Ленский убегает.
Быть ду. э . ли!
Быть ду. э . ли!
23

Онегин тоже поспешно уходит. Ольга бежит вслед за Ленским, но падает в обморок)
Л.
80

a2
a2
a2
Занавес
div.
div.
div.
unis.
unis.
90

a 2
3
a 2

КАРТИНА ВТОРАЯ

17. Интродукция, сцена и ария Ленского

Театр представляет деревенскую водяную мельницу, деревья, берег речки. Раннее утро. Солнце еще недавно встало. Зима.

Cl.
espress.
Fag.
I
pp
Tr-be
Tr-ni
Timp.
molto espress.
mf
pizz.
10
Ob.
Cl.
Fag.
I
espress.
mf

Fl.
Cl.
Fag.
I
II
mf
pp
p
più f
f
arco
20
riten.

a tempo
1 Poco più mosso (♩= 96)
Fl.
Ob.
Cl.
Fag.
Cor.
Tr-ni.
Timp.
(При открытии занавеса Ленский и Зарецкий уже находятся на сцене; Ленский сидит задумчиво под деревом, Зарецкий в нетерпении ходит по сцене)
Зарецкий
Ну что же? Ка-жет-ся, про-
a tempo
Занавес
1 Poco più mosso (♩= 96)

Ob.
I espress.
mf
Cl.
mf
Fag.
mf
Cor. II
mf
Ленский
(p)
Я - вит - ся сей - час.
З.
- тив - ник ваш не я - вил - ся?
Но все же э - то
p
pizz.
З.
стран - но мне не - множ - ко, что нет е - го. Седь - мой ведь час! Я ду - мал, что он ждет уж нас!
f
40

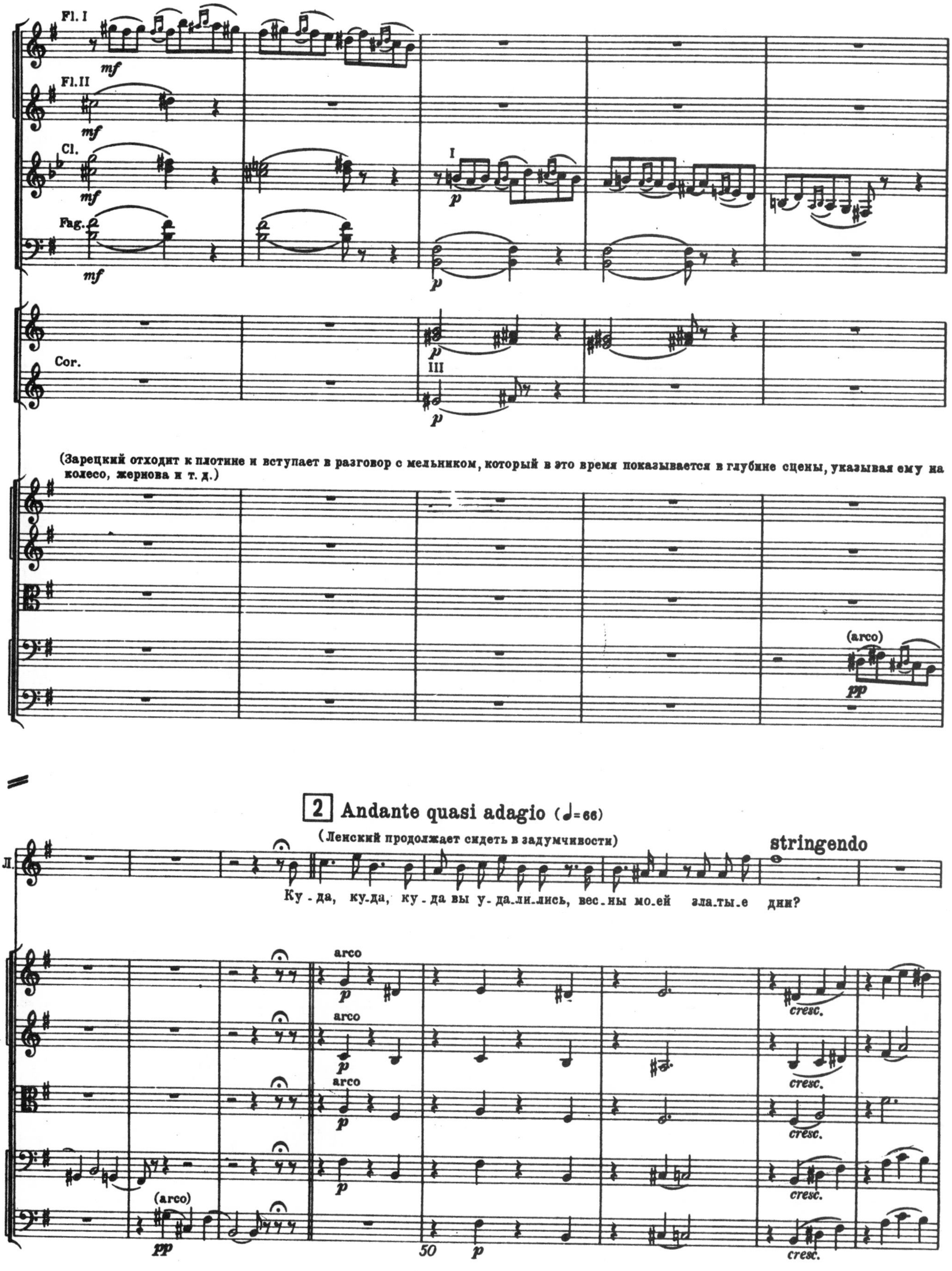

(Зарецкий отходит к плотине и вступает в разговор с мельником, который в это время показывается в глубине сцены, указывая ему на колесо, жернова и т. д.)

Cl.
ritard.
a tempo
I espress.
(встает и подходит к авансцене)
a piena voce
Что день гря_ду_щий мне го_то_вит? Е.
pizz.
pizz.
Ob.
Cl.
_го мой взор на_прас_но ло_вит, в глу_бо_кой тьме та_ит_ся он! Нет нуж_ды; прав судь_бы за_
60

Fl.
Cl.
Fag.
Л.
-кон! Па-ду ли я, стре-лой прон-зен-ный, иль ми-мо про-ле-тит о-на, всё
Cl.
poco riten.
Л.
бла-го: бде-ни-я и сна при-хо-дит час о-пре-де-лен-ный! Бла-го-сло-вен и день за-бот,
colla parte
arco
arco
70

3
poco stringendo
Più mosso (♩ = 84)
Cl.
Fag.
Cor. I. II
Л.
бла-го-сло-вен и тьмы при-ход!
Блес-нет за-ут-ра луч ден-
Fl. a2
Ob.
Fag.
Cor. I. II
Л.
-ни-цы
и за-иг-ра-ет яр-кий день;
а я, быть мо-жет, я гроб.

Fl.
Ob.
Cl.
Fag.
Cor.
a 2
mf
cresc.
Л.
-ни-цы сой-ду в та-инст - вен-ну - ю сень! И па - мять ю-но-го по-э-та по-
riten.
Cor. I.II
mp
f
dim.
p
Л.
-гло - тит мед-лен-на-я. Ле - та, за-бу-дет мир ме-ня!... Но ты!... ты!... Оль-га?
Vc., Cb. a 2

Cl.
4 Tempo I
Fag.
p espress.
pp
(с большим чувством)
Л.
Ска-жи, при-дешь ли, де-ва кра-со-ты, сле-
p
pp
pizz.
pp
pizz.
pp
90
Ob.
Cl.
I
p
cresc.
-зу про-лить над ран-ней ур-ной и ду-мать: он ме-ня лю-бил! Он мне е-

Fl.
Cl.
Fag.
Л.
-ди-ной по-свя-тил рас-свет пе-чаль-ный жиз-ни бур-ной! Ах Оль-га, я те-бя лю-бил, те-
100
Poco più animato (♩=80)
Ob.
-бе е-ди-ной по-свя-тил рас-свет пе-чаль-ный жиз-ни бур-ной, ах,

riten.
5 stringendo
poco a poco cresc.
ff
Л.
Оль - га, я те - бя лю - бил! Сер - деч - ный друг, же - лан - ный друг, при - ди, при - ди! Же -
p
cresc.
arco
3
110
Andante mosso (♩ = 76)
Ob. I
mf
Cl.
Fag.
Cor. III
I
- лан - - ный друг, при - ди, я твой су - пруг, при - ди, я твой су - пруг, при -

riten.
Fl.
mf
p
Ob.
Cl.
Fag.
Cor. I
ad libitum
Л.
-ди, при-ди! Я жду те-бя, же-лан-ный друг, при-ди, при-ди: я твой су-
colla parte
a tempo
pp
-пруг! Ку-да, ку-да, ку-да вы у-да-ли-лись, зла-ты- - - е
simile
cresc.
120

riten.
a tempo
Fl. I
Fl. II
Ob.
Cl.
Fag.
Cor.
I
p espress.
pp
Tr-be
Tr-ni
Timp.
Л.
дни, зла-ты-е дни мо-ей вес-ны?
riten.
a tempo

18. Сцена поединка

Fl. I
Ob. I
Cl.
Fag.
(Входит Онегин и слуга его, Гильо, несущий пистолеты)
(Онегин кланяется)
Он.
Про-шу вас из-ви-
10
Ob.
Cl.
Fag.
Он.
-не-нья!
Я о-поз-дал не-мно-го.
Зарецкий
По-зволь-те!
Где ж ваш се-кун-дант?
В ду-

Cl.
a2
Fag.
Cor. I
Tr-be I
З.
-э-лях клас-сик я, пе-дант; лю-блю ме-то-ду, я из чув-ства, и че-ло-ве-ка рас-тя-
poco cresc.
pizz.
arco
20
6
Poco meno mosso (♩ = 96)
-нуть по-зво-лю я не как-ни-будь, но в стро-гих пра-ви-лах ис-кус-ства, по всем пре-да-ньям ста-ри-

Ob.
Cl.
Онегин
Что по.хва.лить мы вас дол.жны! Мой се.кун.дант вот он: мо.сье Ги.льо.
З.
-ны!
L'istesso tempo
Fl.
Ob.
Cl.
Fag.
Он.
Я не пре.дви.жу воз.ра.же.ний на пред.ста.вле.ни.е мо.е; хоть че.ло.век он не.из.вест.ный,
30

Fl.
Ob.
Cl.
Он.
(Гильо низко кланяется. Зарецкий холодно отвечает ему на поклон)
но уж, ко-неч-но, ма-лый чест-ный.
Tempo I (𝅗𝅥 = 108)
Cl.
Fag.
Tr-ni
Ленский
(Зарецкий отходит с Гильо в сторону для переговоров об условиях дуэли)
Нач-нем, по-жа-луй!
(к Ленскому)
Он.
Что ж, на-чи-нать?
sul G
pizz.
arco
40

7
L'istesso tempo (𝅗𝅥 = 108)
Timp.
(Ленский и Онегин сидят в ожидании, не смотря друг на друга)
Л.
Вра - ги! Дав-но ли друг от дру - га нас жа-жда кро - ви от-ве - ла?
Он.
Вра-ги! Дав - но ли друг от дру-га нас жа-жда кро - ви от - ве - ла?
pizz.
pizz.
cresc.
Дав - но-ли мы ча-сы до - су - га, тра - пе - зу и мы-сли, и де-ла де -
Дав - но-ли мы ча - сы до-су - га, тра - пе - зу и мы-сли, и де -

Tr-ni
pp
Timp.
Л.
p
cresc.
-ли - ли друж-но? Ны - не злоб - но, вра - гам на - след-ствен-ным по-доб - но,
Он.
-ла де-ли-ли друж-но? Ны - не злоб - но, вра-гам на - след-ствен-ным по -
50
sf
f
мы друг для дру-га в ти-ши - не го - то - вим ги-бель хлад-но-кров - но.
-доб-но, мы, друг для дру-га в ти-ши - не го-то - вим ги-бель хлад-но -
Vc.
Cb.

poco riten.
Cl.
Fag.
Timp.
Л.
Ах!
не за.сме.ять.ся льнам по.ка не о.ба.гри.ла.ся ру - ка,
не ра.зой.
Он.
.кров.но. Ах!
не за.сме.ять.ся льнам по.ка не о.ба.гри.ла.ся ру - ка,
не ра.зой.
V-le
Vc.
Cb.
arco
Allegro non troppo (♩ = 132)
Cl.
Fag.
Tr-ni
Л.
.тись ли
по.лю.бов.но?
Нет!
нет!
нет!
нет!
Он.
.тись ли
по.лю.бов.но?
Нет!
нет!
нет!
нет!
(Зарецкий и Гильо зарядили
pizz.
arco
arco
60

Fl.
a2
espress.
Cl.
a2
p espress.
un poco stringendo
уже пистолеты и отмерили расстояние. Зарецкий разводит противников и подает им пистолеты. Все это делается молча. Смущенный Гильо
cresc.
cresc.
Vivace (𝅗𝅥 = 160)
прячется за дерево)
cresc.
cresc.
cresc.
cresc.
cresc.
f
f
f
f

Tempo I (𝅗𝅥 = 132)
Ob.
Cl.
Fag.
8
Зарецкий
Те-перь схо-ди-тесь!
Зарецкий три раза хлопает в ладоши
(1)
(2)
(3)
(Противники, еше не целясь, делают четыре шага вперед. Онегин, наступая, подымает пистолет. В то же время и Ленский начинает целитья)
dim.
70
Fag.
stringendo poco a poco
cresc.
Molto più mosso (𝅗𝅥 = 176)
80

9
Fl.
a2
Ob.
Cl.
Fag.
a2
dim.
Cor.
Tr-be
Tr-ni
Timp.
(Выстрел Онегина. Ленский шатается, падает, роняя пистолет. Зарецкий подбегает к Ленскому и пристально всматривается в него. Онегин тоже бросается к убитому противнику)
Онегин
(глухим голосом)
У -
9
dim.
dim.

Allegro non troppo (♩ = 132)
a2
a2
I
Tr-ne
III
Он.
.бит?
Зарецкий
(Онегин в ужасе хватается за голову)
У - бит!
90
Fl.
Ob.
Cor. I. II
a2
Занавес
pizz.
pizz.
100

ДЕЙСТВИЕ ТРЕТЬЕ

КАРТИНА ПЕРВАЯ

19. Польский

Театр представляет одну из боковых зал богатого барского дома в Петербурге

a2
10

1
a2
ff
a2
1

a2
3
6
20

a 2
a 2
Занавес (Гости проходят полонезом через сцену)

3
30

2
a2
a2
a2
2

a 2
7
a 2
ff
ff
a 2
ff
ff
ff
ff
ff
ff
ff
ff
7
ff
ff
ff
ff
40
ff

a 2
a 2

50

a 2
a 2
a 2

3
p

3
Fl.
Ob.
Cl.
Cor. I. II
mf
mf
mf
mp
p
p
pizz.
p
pizz.
p

4
mf
Fg.
p
p
Cor.
p
p
p
arco
mf
p
70
p
IV

III
80
III
III

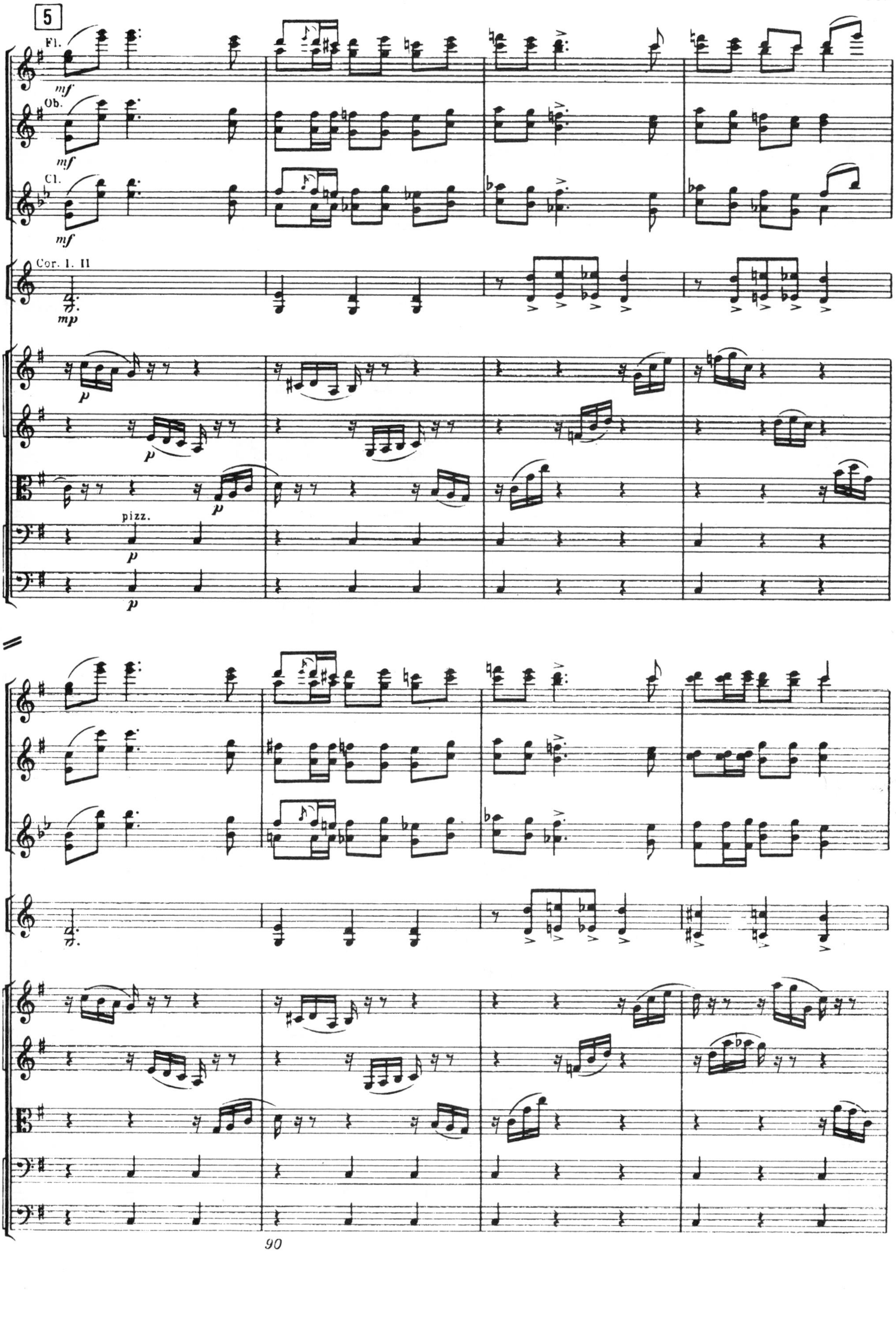
5
Fl.
mf
Ob.
mf
Cl.
mf
Cor. I. II
mp
p
p
p
pizz.
p
p

a2
Fl.
mf
Ob.
mf
Cl.
a2
mf
Fag.
mf
a2
mf
Cor.
mf
mf
Tr-be
mf
mf
Tr-ni
mf
Timp.
mf
mf
pizz.
pizz.
mf
arco
mf
arco
mf

6
a2
6
arco
pizz.
pizz.
100

a2
a2
a2
f
cresc.
arco
cresc

a 2

a2
a2
3
110

7
a2
a2
7

a2
120

8
a2
7
3
a2
8
7

a 2
a 2

a2
130

a2
9
a2
a2
a2
9
(По окончании полонеза гости усаживаются. Другие образуют груп.

fff
.пы и разговаривают между собой)
140

a 2
a 2

muta in B

20. Сцена, экосез и ария князя Гремина

poco meno mosso
Andante (♩= 72)
Ob.
Cl.
Fag.
Cor.
Он.
не рас.се.ят веч.ной, то.ми.тель.ной то.ски! у
pizz.
Adagio (♪= 112)
Cor. I.II
бив на по.е.дин.ке дру.га, до.жив без це.ли, без тру.дов до двад.ца.ти ше.сти го.дов,
arco
10

Più adagio
(♪ = 104)
Ob.
Cl.
Fag.
Cor. I. II
Он.
то.мясь без.дей.стви.ем до.су.га, без служ.бы, без.же.ны, без.дел се.бя за.нять я не у.мел!
p poco cresc.
pizz.
(pizz.)
Fl. I
solo
Cl. I
solo
Он.
Мной о.вла.де.ло бес.по.кой.ство, о.хо.та к пе.ре.ме.не мест, весь.ма му.
poco cresc.

Он.
-чи-тель-но-е свой-ство, не-мно-гих до-бро-воль-ный крест! О-ста-вил я сво-и се-ле-нья, ле-сов и нив
cresc.
mf
arco
Fl.
Ob.
Cl.
Fag.
Cor.
ff
f
a2
у-е-ди-не-нье, где о-кро-вав-лен-на-я тень ко мне я-вля-лась каж-дый день! Я на-чал

Ob.
Cl. a 2
Fag. I
Cor.
Он.
стран.стви.я без це . ли, до.ступ . ный чув.ству од.но . му... И что ж? К не.сча.стью мо.е.му, и
Fl.
Cl.
Fag.
Cor.
attacca subito
Он.
стран.стви.я мне на.до.е.ли! Я воз.вра.тил.ся и по.пал, как Чац.кий, с ко.раб.ля на бал!

ЭКОСЕЗ I

Allegro moderato
Allegro vivace (♩= 160)
Fl.
a2
Ob.
Cl.
a2
Fag.
Cor.
Tr-be
Tr-ni
Timp.
ff

a2
a2
mf
mf
mf
mf
mf
mf
mf
mf
10

a2
1.
2.
IV
I
20

11
a2
ff
a2
11
ff

a2
a2
mf
sf
30

a2
sf
mf
ff
40

a2
a2
a2
a2
a2
a2
50

a2
a2
12
ff
a2
60

a 2
mf
mf
mf
mf
mf
mf
mf
mf
mf
70

a2
1.
2.
IV
I
1.
2.

a2
a2
ff
80

ПРИМЕЧАНИЕ. Мелким шрифтом напечатаны 28 тактов, имеющихся в автографе и первом издании партитуры, в экземпляре которой, проверенном Чайковским, здесь им сделана купюра.

p cresc.
Кто он та - ков?
У - жель О - не - гин?
mf
У - же - ли он?
У - жель О - не - гин?
mf
mf
Да, точ - но!

Всё тот же ль он? Иль у - сми - рил - ся, иль кор - чит
Всё тот же ль он? Иль у - сми - рил - ся, иль кор - чит чу - да -

так - же чу - да - ка? Ска - жи - те, ска - жи - те, чем,
- ка те - перь, как преж - де? Ска - жи - те, ска - жи - те, чем он воз - вра -

p cresc. poco a poco
чем нам он пред - ста - вит - ся по - ка?
- тил - ся, чем нам пред - ста - вит - ся по - ка он? Чем ны - не я - вит - ся?

p cresc. poco a poco
p cresc. poco a poco
p cresc. poco a poco
p cresc. poco a poco
p
Чем ны-не я-вит-ся? Кос-мо-по-ли-том? Га-роль-дом?
cresc.
Мель-мо-том? Пат-ри-о-том? Га-роль-дом?
cresc.

Хан.жой?
Иль мас.кой ще.голь.нет и.ной?
Иль прос . то
иль хан . жой?
Иль мас.кой ще.голь.нет и.ной?
Иль прос . то бу . дет

mf
бу - дет доб - рый ма - лый?
Смо - три - те, смо - три - те!
доб - - рый ма - лый?
Смо - три - те,
смо - три - те!

Allegro moderato (♩= 112)
13
L'istesso tempo
Fl. I
Fl. II
Ob.
Cl.
Fag.
a2
I solo con dolcezza
Cor.
Timp.
Хор
Сопрано
Альты
Тенора
Басы
(Входит князь Гремин под руку с Татьяной)
(Татьяна усаживается на диван. К ней беспрестанно подходят гости обоего пола и почтительно раскланиваются с ней)
Кня-ги-ня Гре-ми-на! Смо-три-те, смо-три-те!
Кня-ги-ня Гре-ми-на! Смо-три-те, смо-три-те!
Ко-то-ра-я?
Allegro moderato (♩= 112)
13
L'istesso tempo

Cl.
ed eleganza
(p)
(p)
Вот
та, что се. ла у сто. ла.
Сю. да взгля. ни. те!
Бес. печ. ной пре. лесть. ю ми. ла!
(Онегин пристально
pizz.
pizz.
10
всматривается в Татьяну)
Онегин
(p)
У. жель Тать. я. на? Точ. но... нет!... Как! Из глу.

Cl. I
poco più f
Fag.
Cor. II
(Татьяна обращается к окру-
Он.
-ши степ-ных се-ле-ний? . Не мо-жет быть! не мо - жет быть! И как про-
pizz.
pizz.
Татьяна
(хору) (p)
Ска-жи-те,
жающим, указывая взглядом на Онегина, к которому подошел князь Гремин)
Он.
-ста, как ве-ли-ча-ва, как не-бреж - на, ца - ри - цей ка-жет-ся о - на!

14 Poco più animato (♩= 126)
Fl.
Ob.
Cl.
Fag.
a2
p cresc.
II
Cor.
p cresc.
p cresc.
Tr-be
Tr-ni
T.
кто э.то там с му.жем? Не раз.гля.жу!
Хор
Тенора
(p)
Чу.дак при. твор.ный, пе. чаль.ный, стран.ный су.ма.
Басы
(p)
14 Poco più animato (♩= 126)
p cresc.
p cresc.
p cresc.
p cresc.
p cresc.
30

Fag. a2
mf
Cor.
T.
Ев.
.сброд; в чу.жих кра.ях он был.
И вот... вер.нул.ся к нам те.перь О.не.гин!
mf
arco
mf
arco
mf
arco
mf
mf
Tempo I
Fl.
I
p
Ob.
I
p
Fag.
T.
.ге.ний?.
Со.сед он по де.рев.не нам.
(в сторону)
О бо.же!
Он из.вес.тен вам?
p
p
p
pizz.
p
sempre pizz.
p
40

Fl.
a 2
p cresc.
Ob.
a 2
p cresc.
Cl.
Fag.
p cresc.
p cresc.
p cresc.
T.
по.мо.ги мне скрыть ду.ши у.жас.но.е вол.не.нье...
Онегин
Ска.жи мне, князь, не зна.ешь ты, кто
p cresc.
arco
p cresc.

a2
mf
Он.
там в ма.ли.но.вом бе - ре.те с по.слом ис - пан.ским го.во.рит?
Гремин
(mf)
А.га! дав - но ж ты не был в све.те!
50

16
Он.
Да кто ж о_на?
Так ты же_
Г.
По_етой, те_бя пред _ став_лю я.
Же_на мо_я!
a2
16

*) Так в автографе партитуры, однако в автографе либретто слово „Татьяне" произносит Онегин, как у Пушкина так, обычно, и исполняется.

АРИЯ КНЯЗЯ ГРЕМИНА

Г.
-твор-ны и ю - но - ше в рас - цве - те лет, ед - ва у - ви - дев - ше - му свет,
10

Cl. I
Fag.
I
p
Cor.
Г.
и за - ка - лен - но - му судь - бой бой - цу с се - до - ю го - ло - вой!
V-c.
C-b.
Cl.
Г.
p
О - не - гин, я скры - вать не ста - ну, без - ум - но я люб - лю Та -
pp

Cl.
Fag.
I
p
Cor.
più f
Г.
-тья-ну! Тос-кли - во жизнь мо-я тек-ла, о-на я-ви-лась и за-жгла, как
p
30
espr.
Г.
солн-ца луч сре-ди не-на-стья, мне жизнь и мо-ло-дость, да, мо-ло-дость и сча- - - -
arco

17 Più mosso quasi Allegro (♩= 108)
Г.
-стье! Сре-ди лу-ка-вых, ма-ло-душ-ных, шаль-ных, ба-ло-ван-ных де-тей, зло-
più f
arco
40

Г.
-де-ев и смеш-ных, и скуч-ных, ту-пых, при-вяз-чи-вых су-дей; сре-ди ко-кет-ток бо-го-
p
50

Fl.
Ob.
Cl.
Fag.
a2
Cor.
Tr-be
Tr-ni
Г.
-моль-ных, сре - ди хо - лопь-ев до-бро - воль-ных, сре-ди все - днев-ных мод-ных
mf
60

18
Meno mosso (𝅗𝅥 = 88)
a2
mf
a2
Г.
сцен, у - чти.вых, лас - ко.вых из - мен,
сре.ди хо - лод.ных при.го - во - ров
f

a2
a2
f
f
f
f
mf
mf
Г.
же-сто-ко-сер-дой су-е - ты, сре-ди до-сад-ной пу-сто-ты, рас-че-тов, дум и раз-го-
70

ritardando poco a poco
a2
f
Г.
-во-ров о - на бли-ста-ет, как зве-зда во мра-ке но-чи в не - бе чис-том, и
p
pp
ritardando poco a poco
mf
p
80

molto meno mosso
Fl. I
Fl. II
Ob.
Cl.
Fag.
riten.
Г.
мне яв.ля.ет.ся все.гда в си.янь.е ан - ге.ла, в си.янь.е ан.ге.ла лу.чис.том!
Люб.
molto meno mosso
riten.
90

19 Tempo I (♩= 66)
Fl.
Ob.
Cl.
Fag.
Cor.
III
Г.
-ви все воз.рас.ты по.кор.ны, е - е по.ры.вы бла.го.твор.ны и ю.но.ше в рас.
pizz.
pizz.
100
Cl.
I
Fag.
I
Cor.
Г.
-цве.те лет,ед.ва у - ви.дев. ше - му свет, и за. ка. лен.но.му судь.бой бой.цу с се - до - ю го.ло.
Vc.
Cb.
110

Г.
-вой!
О-не-гин, я скры-вать не ста-ну,
бе-зум-но я люб-лю Та-тья-ну!
V-ni I
V-ni II
V-c.
C-b.
a piena voce
Тоск-ли-во жизнь мо-я те-кла,
о-на я-ви-лась и за-жгла,
как солн-ца луч ере-ди не-
120

espres.
Г.
-насть-я и жизнь, и мо-ло-дость, да, мо-ло-дость, и сча - - - - стье, и жизнь, и
arco
130
Fl.
pp
Ob.
pp
Cl.
pp
Fag.
pp
Cor.
pp
Г.
мо-ло-дость, и сча- - стье!
pp
pizz.
140

21. Сцена и ариозо Онегина, экосез

Cl. I
cresc.
Fag.
f
p
pp
(Онегин низко кланяется. Татьяна отвечает
Г.
позвольте тебе пред - ста - вить род - ню и дру - га мо - е - го О - не - ги - на!
p cresc.
cresc.
mf
dim.
10
20 L'istesso tempo
Ob.
Cl.
Fag.
Cor. I. II
pp cresc.
Татьяна
(p)
Я о - чень ра - да... Встре - ча - лись преж - де с ва - ми мы!
совершенно просто, как бы ни мало не смущенная)
Онегин
(p)
В де - рев - не! да... дав - но!

a 2
Cor.
T.
От-ку-да? Уж не из на-ших ли сто-рон?...
Он.
О нет! Из даль-них стран-ствий я воз-вра-тил-ся!
pizz.
arco
20
Allegro moderato (𝅗𝅥 = 112)
Cl.
I
p dolce
(к Гремину)
(Татьяна, опираясь на
И дав-но?
Друг мой, у-ста-ла я!
Се-год-ня!

Cl. I
Fag.
a 2
p cresc.
Cor.
руку Гремина, уходит, отвечая на поклоны, Онегин следит за ней глазами)
cresc.
30
mf
Онегин
У-жель та са-ма-я Та-тья-на, ко-торой я на-е-ди-не

L'istesso tempo
Fag. a 2
Он.
в глу.хой да.ле.кой сто.ро - не, в бла.гом пы - лу нра.во - у - че.нья чи.тал ког.да.то на.став -
40
21 Allegro moderato (♩= 120)
Ob.
Cl. a 2
Fag.
Cor.
Timp.
pp cresc. poco a poco
(воодушевляясь)
Он.
- ле.нья? Та де.воч.ка, ко.то.рой я пре.не.бре - гал в сми.рен.ной до.ле? У - же.ли то о.на бы.ла,

acceler.
Fl. I
Fl. II
mp cresc.
p cresc.
Ob.
cresc. un poco
Cl. a 2
cresc. un poco
Fag.
cresc. un poco
cresc. un poco
Cor.
cresc. un poco
Tr-be
Tr-ni
Timp.
cresc. un poco
Он.
так рав-но-душ - на, так сме-ла! Но что со мной? Я как во сне!
acceler.
cresc. un poco
cresc. un poco
cresc. un poco
cresc. un poco
cresc. un poco

Allegro guisto (♩= 172)
sfpp
cresc.
a 2
pp
Он.
Что ше.вель.ну.лось в глу.би - не ду.ши хо - лод.ной и ле.ни.вой? До - са.да, су.ет.ность,
Allegro giusto (♩= 172)
50

22
Fl. a 2
Ob.
Cl.
Fag.
a 2
p cresc.
a 2
p cresc.
Он.
иль вновь за - бо - та ю - но - сти - лю - бовь?
У - вы, со -
22

Allegro moderato (♩= 120)
a 2
mf
Он.
- мне - нья нет, влю - блен я, влю - блен, как маль - чик, пол - ный стра - сти
Allegro moderato (♩= 120)
pizz.
60

Он.
ю - ной! Пус-кай по - гиб-ну я, но пре - жде
я во - сле - пи-тель-ной на-деж - де
f
f

a 2
Он.
вку - шу вол - шеб - ный яд же - ла - ний, у -
arco
pizz.

poco animando
Он.
-пьюсь не - сбы-точ-ной меч - той! Вез - де, вез - де он пре - до -
poco animando
70

riten.
a 2
Он.
- мной, об - раз же - лан - ный, до - - ро - гой, вез - де, вез - де он пре - до мно - -
riten.
f
(arco)
(arco)

ЭКОСЕЗ II

Allegro vivace (♩= 160)
a 2
ff
a 2
(убегает)
Он.
- ю.
Allegro vivace (♩= 160)
arco
arco

a 2
IV
I
10

1.
2.
a 2
f
ff
a 2
1.
2.
20

a 2
ff
a 2

a 2
a 2
a 2
30

a 2
a 2
a 2
Занавес

КАРТИНА ВТОРАЯ

22. Заключительная сцена

Театр представляет гостиную в доме князя Гремина

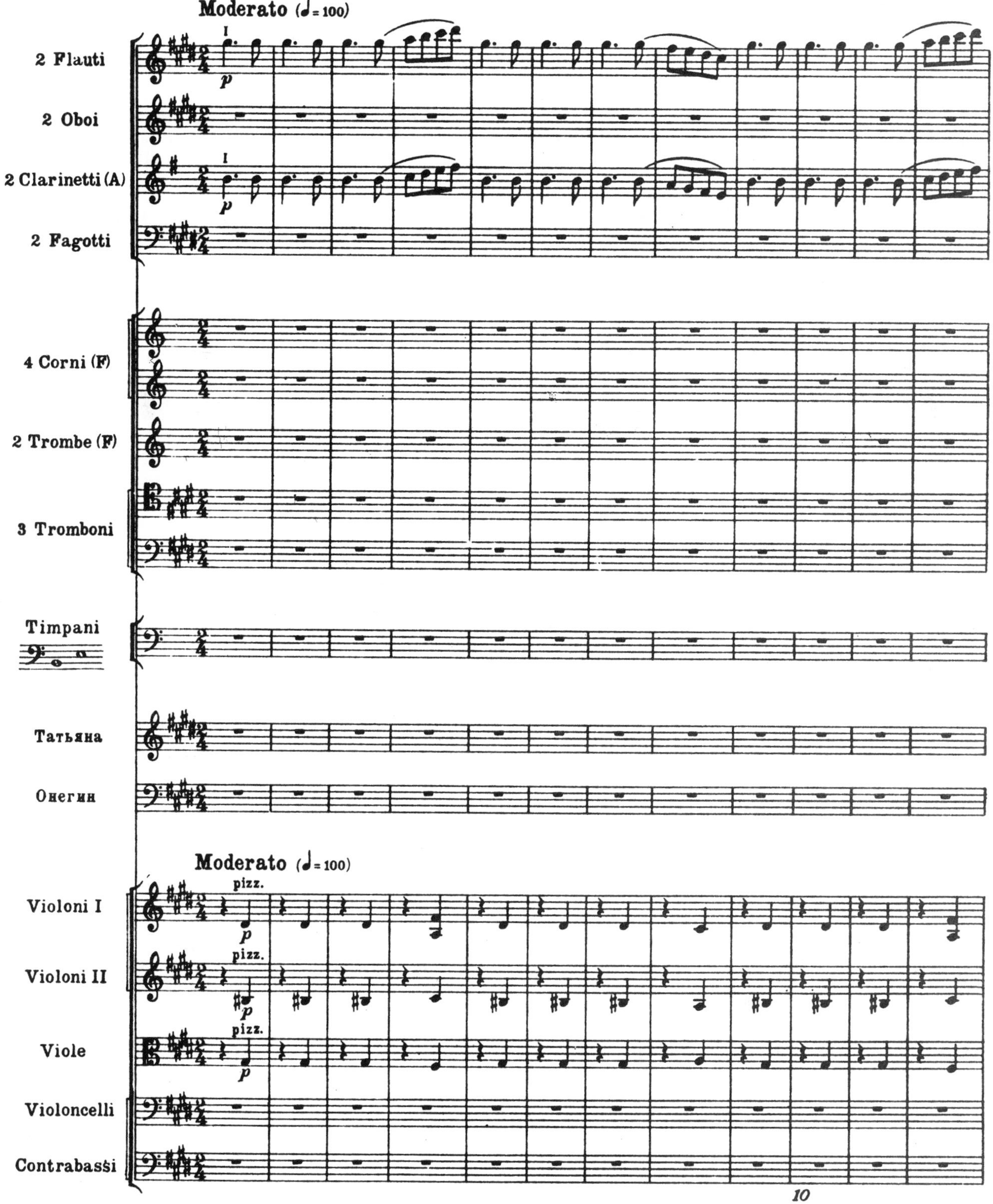

I
a 2
p
riten.
I
p
I
I
p
pizz.
p
pizz.
p
20
1
Meno mosso (♩= 88)
Fl.
I
dolce
Ob.
Cl.
I
dolce
arco
p
arco
p
arco
p
arco
p
p
arco
30

a 2
p
I
40
cresc.
più f
più f
cresc. poco a poco
cresc. poco a poco
cresc. poco a poco
cresc. poco a poco
cresc. poco a poco

stringendo
mf
mf
mf
mf
sempre cresc.
sempre cresc.
sempre cresc.
sempre cresc.
50
sempre cresc.
2
Più mosso (𝅗𝅥 = 104)
Fl.
a 2
f
pp
cre - - scen - - do
Ob.
pp cre - - scen - - do
Cl.
a 2
Fag.
Cor.
p
Timp.
pp cre - - scen - - do

3
ff
3
Занавес
ff

I
Татьяна (Входит Татьяна в утреннем элегантом туалете, с письмом в руке)

Moderato assai (♩ = 92)
Cl.
Cor. I
II
T.
О, как мне тя - же - ло! О - пять О - не - гин стал на пу -
pizz.
arco
70
4 Andante (♩ = 69)
Ob.
Cl.
Fag.
T.
- ти мо - ем, как при - зрак бес - по - щад - ный! Он взо - ром ог - нен - ным мне ду - шу воз - му -
80

Moderato assai (𝅗𝅥=92)
I
mf
T.
-тил! Он страсть за-глох-шу-ю так жи-во вос-кре-сил! Как буд-то
Cor.
(она плачет)
сно-ва де-воч-кой я ста-ла, как буд-то с ним ме-ня ни-что не раз-лу-ча-ло!
90

5 Allegro non tanto (♩ = 108)
Fl.
a2
ff
Ob.
Cl.
Fag.
Cor.
Tr-be
Tr-ni
Timp.
(В дверях показывается Онегин. Он несколько времени стоит, страстно взирая на плачущую Татьяну, затем быстро подходит к ней и падает перед ней на колени. Татьяна смотрит на него без удивления и гнева, потом делает знак, чтобы он встал)
T.
5 Allegro non tanto (♩ = 108)
100

a2

Татьяна
(mp)
До -
ff
ff
ff
ff
ff
110

6
Meno mosso. Moderato (♩= 88)
T
-воль-но, встань-те, я дол-жна вам объ-яс-нить-ся от-кро-вен-но. О-не-гин,
(mp)
mf
T.
пом-ни-те ль тот час, ког-да в са-ду, в ал-ле-е нас судь-ба све-ла и так сми-рен-но у-
p
f
120
Fl.
a2
Cl.
I
T.
-рок ваш вы-слу-ша-ла я?
Онегин
О, сжаль-тесь! сжаль-тесь на-до мно-ю! Я так о-шиб-ся,
130

Т.
О -
Он.
(Татьяна отирает слёзы и делает знак, чтобы Онегин не прерывал её)
я так на - ка-зан!
mf
dim.
p
140
7
Andantino
- не - гин! Я тог-да мо-ло-же, я луч - ше, ка-жет-ся, бы-ла, и я лю - би-ла вас, но
pizz.
150

poco riten.
a tempo
Fl.
Cl.
I
p dolce
T.
что же, что в ва.шем серд.це я на.шла? Ка.кой от.вет? — Од.ну су.ро.вость! Не прав.да ль,
arco
poco animando
вам бы.ла не но.вость сми.рен.ной де.воч.ки лю.бовь? И нын.че... бо.же, сты.нет
poco cresc.
160

a tempo
8
Ob.
Cl.
Fag.
T.
кровь, как толь-ко вспом-ню взгляд хо-лод-ный и э-ту и-спо-ведь! Но
pizz.
arco
170
Fl.
Più mosso (♩ = 100)
вас я не ви-ню!... В тот страш-ный час вы по-сту-пи-ли бла-го-ро-дно,
180

riten.
Moderato assai (♩= 88)
Ob. I
Cor.
T.
вы бы.ли пра.вы пре.до мной. Тог. да, — не прав.да.ли? Впус.ты.не, вда.ли от
pizz.
pizz.
Più mosso (♩= 108)
Ob.
Cl.
Cor.
су.ет.ной мол.вы я вам не нра.ви.лась... Что ж ны. не ме.ня пре.сле.ду.е.те
arco
arco
190

9
Ob.
Cl.
Fag.
Cor.
(одушевляясь)
T.
вы? За - чем у вас я на при - ме - те? Не по - то -
200
Tempo I (♩=88)
- муль, что в выс - шем све - те те - перь яв - лять - ся я долж - на, что я бо - га - та и знат -
V-ni I
V-ni II
Vc., Cb. a 2
arco

Cor.
dim.
III
p
T.
-на, что муж в сра-жень-ях из-у-ве-чен, что нас за то лас-ка-ет двор?
dim.
p
210
Fl. Più animato (♩ = 108)
Tempo I (♩ = 88)
Ob.
Cl.
a 2
Fag.
f
Cor.
Не по-то-му ль, что мой по-зор те-перь бы все-ми был за-ме-чен и мог бы
220

Fl.
Ob.
Cl.
Fag.
Cor.
Tr-be
Tr-ni
T.
Онегин
riten.
stringendo molto
muta in B
в обществе принесть
вам соблазнительную честь?
Ах!
О боже! У
230

10 Adagio con moto (𝅗𝅥 = 63)
Fl.
a2
p
Ob.
Cl.(B)
a2
p
Fag.
Cor.
p
p
p
Tr-be
Tr-ni
(с грустью, с большим чувством)
Он.
жель, у-жель в мольбе мо-ей сми-рен - ной у-ви-дит ваш хо-лод-ный взор за
10 Adagio con moto (𝅗𝅥 = 63)
p
pizz.
p
pizz.
p
pizz.
p
pizz.
p

Fl.
Ob.
I
Cl.
Fag.
I
mf
Cor.
mf
mf
Tr-be
Tr-ni
On.
-те - и хит-ро-сти пре-зрен-ной? Ме-ня тер-за-ет ваш у-кор! Ког-да б вы
cresc.
cresc.
cresc.
cresc.
cresc.

Fl.
Cl.
Fag. I
Cor.
Он.
зна - ли, как у - жас - но то - мить - ся жаж - до - ю люб - ви, пы - лать, и ра - зу - мом все -
cresc.
poco più animato
- час - но смир - ять вол - не - ни - е в кро - ви, же - лать об - нять у вас ко - ле - ни и, за - ры -
cresc.

Fl.
Ob.
Cl.
Fag.
Cor.
Tr-be
Tr-ni
Он.
riten.
-дав у ва - ших ног, из - лить моль - бы, приз - нань - я, пе - ни, всё, всё, что вы ра - зить бы
arco
mf
f
p

11 Andante (𝅗𝅥=72)
Ob.
p piangendo
cresc.
Cor.
III p
p
T.
Я пла - чу!
Он.
мог!
Плачь-те! Э-ти сле-зы до-ро-же всех сок-ро-вищ ми -
p
p
p
250
Ob.
riten.
Adagio quasi Largo (𝅗𝅥=58)
Cor. I. II
mf
(p)
Ах!
Счас-тье бы-ло так воз-мо-жно, так близ-ко! Так
Он.
ра!
mf
p
p
mf
p
mf
p
mf
p
mf
p

Cor.
I
p
T.
mp
f
бли.зко! Счас - тье бы.ло так воз.мож.но, так бли.зко, так бли.зко, близ
Он.
p
(f)
f
Ах! Счас - тье бы.ло так воз - мож.но, так бли.зко, так бли.зко, близ
p
pp
260
12 L'istesso tempo
Molto più mosso (𝅗𝅥 = 108)
(f)
-ко! Но судь.ба мо.я уж ре.ше - на и без - воз - врат.но! Я выш.ла за.муж, вы дол.
-ко!
f
mf
cresc.

T.
-жны, я вас про - шу, ме-ня о - ста-вить!
Он.
(f)
О-ста-вить? О-ста-вить! Как, вас о-ста-вить! Нет!
270
13 Adagio con moto (𝅗𝅥 = 69)
Fl.
Cl.
a2
Cor.
(как можно выразительнее)
Нет! По-ми-нут-но ви-деть вас, по-всю-ду сле-до-вать за ва - ми, у -
pizz.

Fl.
Ob.
Cl.
Fag.
Cor.
Он.
-лыб- -ку уст, дви-же-нье, взгляд ло-вить влю-блен-ны-ми гла- за- ми, вни-мать вам
cresc.
280
Fl.
Cl.
Fag.
Cor.
Он.
(Постепенно воодушевляясь, падает
дол- го, по-ни-мать ду- шой все ва-ше со-вер-шен-ство, пред ва- ми в страст-ных
pp cresc.

poco più animato
Fl.
a2
mf
Ob.
Cl.
a2
mf
Fag. I
mf
mf
Cor.
mf
Tr-be
Tr-ni
снова на колени и схватывает ее руку)
Он.
f
му - ках за - ми - рать, блед - неть и гас - нуть- вот бла - жен - ство,
poco più animato
mf
mf
mf
mf
mf

14
Andante molto mosso (𝅗𝅥 = 80)
Татьяна
(освобождая руку, несколько испугавшись)
f con anima
О - не - гин, в ва-шем серд-це есть и
Он.
вот од - на меч - та мо - я, од-но бла-жен - - - ство!
14
Andante molto mosso (𝅗𝅥 = 80)
arco
arco
arco
arco
pizz.
pizz.
290

T.
гор.дость, и пря.ма - я честь!
Ев - ге - ний! Вы дол.жны, я вас про - шу ме.ня о.ста.вить!
Он.
(f)
Я не мо.гу о - ста - вить вас.
p
pp
mf

Più mosso (♩ = 100)
15
Tempo I (𝅗𝅥 = 80)
a2
mf
p dolce
dolce
pp
T.
За-чем скры-вать, за-чем лу-ка-вить, ах! я вас люб-лю!
Он.
О сжаль-тесь!
arco
300

accel.
I
I
I solo
I
I marcato
T.
Он.
Что слы.шу я!
Ка.ко.е сло.во ты ска.за.ла!
О, ра.дость!
accel.
p cresc.
p cresc.
cresc.
cresc.

Tempo I
a2
ff
ff
ff
a2
ff
f
f
T.
Нет! нет!
про.шло.го не во.ро.
Он.
Жизнь мо.я!
Ты преж.не.ю Та.тья.ной ста.ла!
Tempo I
mf
f
mf
f
mf
f
mf
f
f

16
Molto più vivo (♩=108)
a 2
T.
тить! Я от-да-на те-перь дру-го-му, мо-я судь-ба уж ре-ше-на, я бу-ду век е-му вер-
16
Molto più vivo (♩=108)

Allegro moderato (♩= 120)
p
cresc.
f
III
pp
(Она отходит и в изнеможении садится)
T.
на.
320

Cl.
Fag.
Cor.
Онегин
Он.
(становясь возле нее на колени)
(p)
O, не го - ни! Ме - ня ты лю - бишь,
p
Он.
и не о - став - лю я те - бя, ты жизнь сво - ю на - прас - но сгу - бишь,
330

17
Он.
то во.ля не.ба: ты мо - я! Вся жизнь тво - я бы.ла за - ло - гом
340
Он.
со - е - ди - не - ни - я со мной! И знай: те.бе я по.слан бо - гом, до
cresc.
cresc.
cresc.
cresc.
cresc.

Он.
гро - ба я хра - ни - тель твой! Не мо - жешь ты ме - ня от - ри - нуть,
p
350
Ob.
Cl.
Fag.
I
p cresc.
mp cresc.
Cor.
III
Он.
ты для ме - ня долж - на по - ки - нуть по - сты - лый дом

Andante molto mosso (𝅗𝅥 = 80)
riten.
18
Fl.
a 2
Ob.
Cl.
Fg.
Cor.
Tr-be
Tr-ni
Timp.
Татьяна
T.
Он.
(встав) ff con tutta forza
О - не - - гин, я твер-да ос-та-нусь;
и шум-ный свет, те - бе дру-гой до - ро - ги нет!
360

a 2
cresc.
ff
f
mf
T.
судь - бой дру - го - му я да - на, с ним бу - - - ду жить и не рас - ста - нусь;
Он.
Нет, не мо - жешь ты ме - ня от - ри - нуть.

Allegro moderato (𝅗𝅥 = 120)
a 2
cresc.
ff
mf
T.
нет, клят.вы пом.нить я долж.на! Глу.бо.ко в серд. . це про.ни.
Он.
Ты для ме.ня долж.на по.ки.нуть всё! всё: пос.ты.лый дом и шум.ный свет,
Allegro moderato (𝅗𝅥 = 120)
370

a2
Т.
-ка-ет е-го от-ча ян-ный при-зыв, но пыл пре-ступ-ный по-да-вив,
Он.
те-бе дру-гой до-ро-ги нет! О, не го-ни ме-ня, мо-лю, ты

stringendo un poco
a2
I
III
T.
долг чес - ти су - ро - вый, свя - щен - ный чув - ство по - беж - да -
Он.
лю - бишь ме - ня, ты жизнь сво - ю на - пра - сно сгу - бишь, ты мо - я, на - век мо -
stringendo un poco
380

19 Pochissimo meno mosso (𝅗𝅥 = 108)

a2

fff

(Онегин хочет увлечь Татьяну, она в величайшем волнении старается высвободиться из его объятий. Наконец она начинает изнемогать в борьбе)

T. -ет! Я у-да-ля-юсь! До-воль-но!

Он. -я! Нот! нет! нет! нет! нет, по-слу-шай-ся ме-

19 Pochissimo meno mosso (𝅗𝅥 = 108)

fff

T.
Нет, я твер-да о-ста-нусь!
О-ставь ме-ня!
Он.
-ня!
Лю-блю те-бя, лю-блю те-бя!

20
a2
a2
T.
Про-щай на-ве-ки!
Он.
Люб-лю те-бя!...
Ты мо-
20
390

riten.
a2
(Онегин несколько времени стоит
в недоумении пораженный отчаянием)
(mf)
Он.
я!
По-зор, то-ска! О, жал-кий жре - бий
riten.

END OF EDITION